地域批評シリーズ㊷

これでいいのか新潟県

まえがき

本書は2012年10月に刊行された『日本の特別地域特別編集38　これでいいのか新潟県』の原稿に加筆と訂正を施し、さらに新たな書き下ろしを加えて文庫化したものである。

さて、今回のテーマである新潟県。ヨソ者の多くは「新潟県」というワードに豊潤で甘美な響きを感じ取るかもしれない。その理由は美味なる食の数々にある。新潟といえば日本一の米王国にして、その代表品種「コシヒカリ」は絶対的なブランド力を持っている。また新潟といえば地酒。米どころは得てして水も清冽だから酒どころとなるが、新潟はその気候も酒造りに向き、総じて淡麗で上等な酒ができる。さらに酒が美味ければ肴もとなるが、長い海岸線を有しているので多種多彩な魚介が揚がり、背後に連なる山々からも豊かな恵みがもたらされる。そんな美味い地酒と山海の幸を名湯と共に味わえば気分も最高。まさしく新潟は豊穣の国、この世のパラダイスのようである。

しかし、そんな新潟からどんどん人が減り続けている。豊かな県なのになぜなのだろう？　おそらくヨソ者が新潟に感じる好印象とは裏腹に、県の内側には大きな問題が潜んでいるのではないだろうか。

新潟は古くから人材流出県ではあった。もともと新潟県には驚くほど多くの人がいた（明治初期の人口は全国1位）。やがて大量の出稼ぎで人が流出。さらに上越新幹線や関越自動車道など首都方面への高規格インフラの開業で、多くの若者が新潟を出ていくことになった。こうした構図は東北も同様だが、田舎から人が出ていく要因は、いつの時代でもまずは「職が無い」こと。そして現代の若者に多いのは「大都会への憧憬」である。つまり、新潟県内には美味い飯や酒はあっても雇用が不足し、政令指定都市はあってもそれは東京に比肩し得る「魅力ある都会」ではないのだ。ただだからといって手をこまねいてばかりでは、高齢化や過疎は進み、県内はどんどん衰退していくだろう。

本書では新潟県を構成するさまざまなファクターを丹念に分析。さらに各地の問題点については現地に赴き、調査・取材を基にその真相や真実を明らかにした。新潟県の現状を読んでみなさんはどう感じるだろうか？　最後までお付き合い願えれば幸いである。

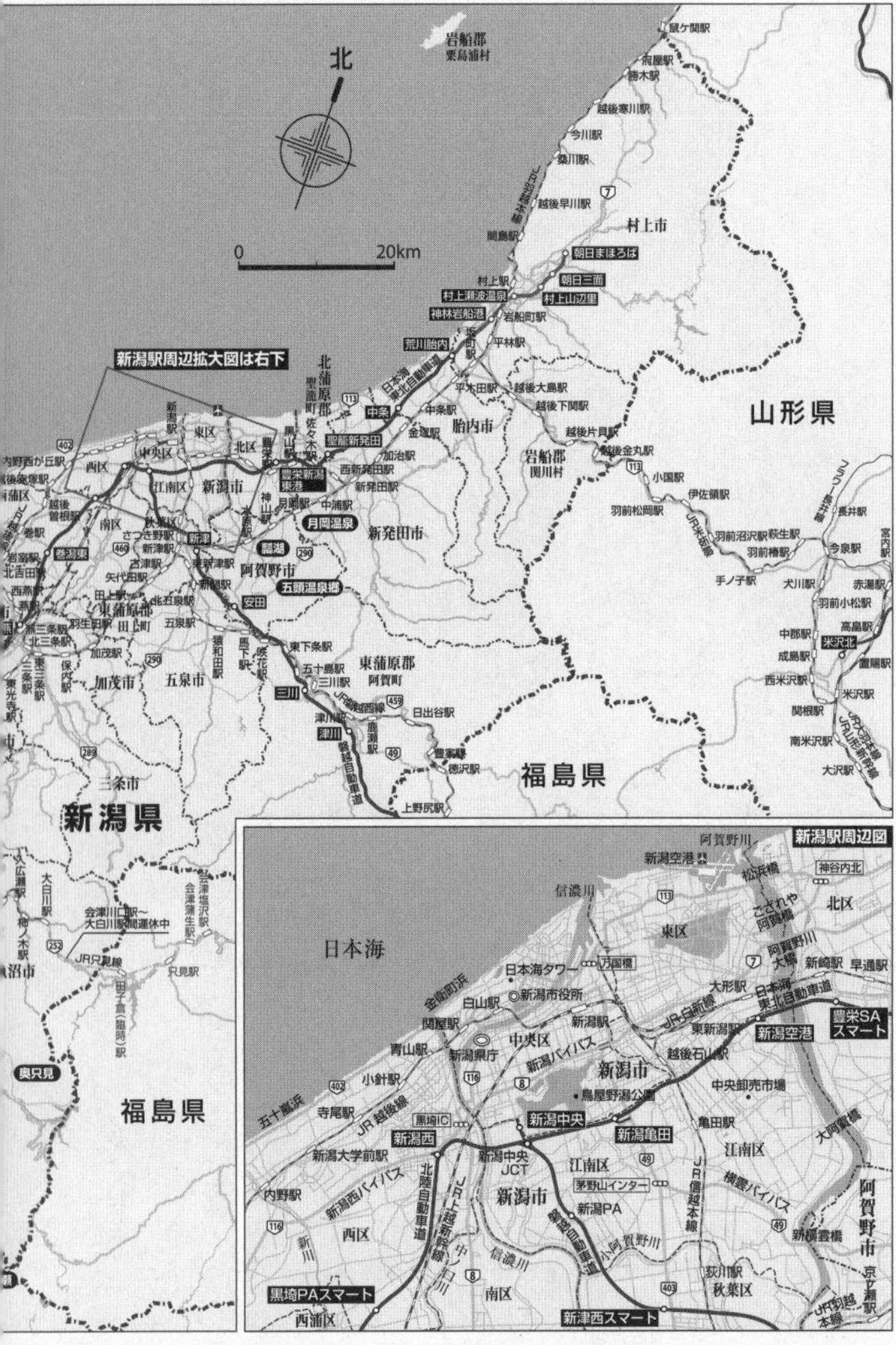
北
0 20km
岩船郡
粟島浦村
鼠ケ関駅
府屋駅
勝木駅
越後寒川駅
今川駅
桑川駅
越後早川駅
村上市
間島駅
朝日まほろば
朝日三面
村上駅
村上瀬波温泉
村上山辺里
神林岩船港
岩船町駅
荒川胎内
平林駅
新潟駅周辺拡大図は右下
北蒲原郡
聖籠町
平木田駅
越後大島駅
越後下関駅
中条
中条駅
胎内市
越後片貝駅
山形県
聖籠新発田
金塚駅
加治駅
岩船郡
関川村
越後金丸駅
小国駅
伊佐領駅
羽前松岡駅
豊栄新潟東港
西新発田駅
新発田駅
中浦駅
月岡温泉
新発田市
JR米坂線
羽前沼沢駅
萩生駅
羽前椿駅
今泉駅
手ノ子駅
犬川駅
赤湯駅
羽前小松駅
高畠駅
中郡駅
米沢北
成島駅
置賜駅
西米沢駅
米沢駅
関根駅
南米沢駅
大沢駅
新潟駅
東区
北区
中央区
西区
江南区
新潟市
秋葉区
南区
越後曽根駅
巻駅
巻潟東
岩室駅
北吉田駅
新津
新津駅
さつき野駅
古津駅
矢代田駅
田上駅
東新津駅
新関駅
阿賀野市
五頭温泉郷
安田
東蒲原郡
加茂市
五泉市
五泉駅
北五泉駅
猿和田駅
馬下駅
咲花駅
東下条駅
五十島駅
三川駅
三川
東蒲原郡
阿賀町
JR磐越西線
日出谷駅
津川駅
津川
鹿瀬駅
豊実駅
徳沢駅
上野尻駅
磐越自動車道
福島県
三条市
新潟県
会津川口駅～大白川駅間運休中
JR只見線
只見駅
大白川駅
奥只見
福島県
新潟駅周辺図
阿賀野川
新潟空港
松浜橋
神谷内北
北区
信濃川
東区
こされや阿賀橋
阿賀野川大橋
日本海
日本海タワー
万国橋
新崎駅
早通駅
白山駅
新潟市役所
大形駅
日本海東北自動車道
関屋駅
新潟駅
JR白新線
東新潟駅
豊栄SAスマート
新潟空港
青山駅
新潟県庁
中央区
新潟バイパス
越後石山駅
新潟市
小針駅
鳥屋野潟公園
中央卸売市場
五十嵐浜
寺尾駅
JR越後線
黒埼IC
新潟中央
新潟亀田
亀田駅
大阿賀橋
新潟西
新潟大学前駅
新潟中央JCT
江南区
江南区
北陸自動車道
JR上越新幹線
JR信越本線
横雲バイパス
茅野山インター
新潟市
新潟PA
内野駅
新潟西バイパス
磐越自動車道
阿賀野市
西区
小阿賀野川
新横雲橋
信濃川
中ノ口川
荻川駅
京ヶ瀬駅
黒埼PAスマート
南区
秋葉区
JR羽越本線
西蒲区
新津西スマート

新潟県地図

二ツ亀海水浴場
弾崎
大野亀
外海府海岸
入崎海水浴場
内海府海岸
佐渡島
ドンデン山荘
達者海水浴場
金北山
史跡佐渡金山
佐渡市
両津港
佐渡汽船旅客ターミナル
佐渡空港
加茂湖
佐和田温泉
黒木御所跡
姫崎
佐渡市役所
赤亀・風島
なぎさ公園
海水浴場
真野湾
八幡温泉
真野長石海岸海水浴場
佐渡歴史伝説館
大地山
西三川
ゴールドパーク
素浜海水浴場
沢崎鼻
城が浜海水浴場
赤泊港
フェリーターミナル
小木港
フェリーターミナル
佐渡島拡大図は左
佐渡市
日本海
西蒲原郡
三島郡
出雲崎町
刈羽郡
刈羽村
長岡市
長岡JCT
柏崎市
柏崎
米山
西山
大潟PAスマート
上越JCT
上越
糸魚川市
糸魚川
能生
親不知
上越高田
上越市
新井PAスマート
妙高市
赤倉温泉
妙高高原
中郷
斑尾高原
信濃町
十日町市
小千谷市
小千谷
越後川口
大和PAスマート
六日町
中魚沼郡
津南町
南魚沼市
塩沢石打
湯沢
南魚沼郡
湯沢町
群馬県
長野県
豊田飯山
信州中野
長野須坂
小布施PAスマート
須坂長野東
長野
更埴JCT
JR北陸本線
JR大糸線
JR飯山線
北越急行ほくほく線
上信越自動車道
関越自動車道
北陸自動車道
JR上越新幹線
野尻湖

新潟県基礎データ

地方	中部・北陸・甲信越・信越
総面積	12,584.23㎢
人口	2,245,057 人
人口密度	178.4 人 /㎢
隣接都道府県	山形県、福島県、群馬県、長野県、富山県、石川県（海上で隣接）
県の木	ユキツバキ
県の花	チューリップ
県の草花	ユキワリソウ
県の鳥	トキ
県の観賞魚	ニシキゴイ
団体コード	15000-2
県庁所在地	〒 950-8570 新潟市中央区新光町 4 番地 1
県庁舎電話番号	025-285-5511（代表）

※総面積は 2018 年 10 月 1 日現在。人口は 2019 年 10 月 1 日現在

第1章

新潟県って どんなトコ

繁栄に胡坐をかいて時代に乗り遅れた新潟

どこにスポットライトを当てればいいんでしょ？

言っちゃ悪いが、新潟県の歴史は地味だ。こんなことをいうと県民に否定されそうだが事実なんだから仕方がない。近代以前の日本の歴史を見ても、新潟がクローズアップされるのはホンの一部。戦国時代の上杉謙信、上杉景勝と直江兼続（大河ドラマの影響大⁉）、佐渡金山ぐらいのものだろう。県民には有名な河井継之助（北越戊辰戦争）だって、一般的な知名度はそれほど高くないし、高僧や権力者の流刑地だったというのもビミョーな線だ。

とはいっても、新潟は過去に起こった数多くの災害（地震・洪水）や、毎冬の豪雪に見舞われながら、粛々と歴史を紡いできた。そんな新潟の歴史は、地味ながらも栄光と挫折に彩られている。

現在の新潟県地方に人が住んでいたことが確認される最古は、後期旧石器時代（約3万年前以降）に遡る。当時の地球は寒冷期で、日本海の海面が低下して大陸と陸続きだった。そこを渡って北アジアから人が当地へやってきたといわれている。彼らは新技術（石器）を現地に伝え、小さな集団を作って移動しながら、狩猟などを行い生活していた。日本海（陸続きだが）を跨いだ異文化交流は、この頃からすでに始まっていたのだ。

当地にある程度大きな集団（ムラ）が出来始めたのは縄文時代前期で、その頃の遺跡が内陸部の河川沿いを中心に見つかっている。弥生時代になると稲作も始まり、環濠集落（濠を巡らせたムラ）の跡も見つかっていることから、ムラ同士の抗争（戦争）が始まったのはこの頃だといわれている。

古代の越後は鬼が住む魔境扱い

新潟といえば、旧国名は越後。その越後の元になった国が「越（こし）国」

新潟県の主な歴史①

年事	柄
A.D.300〜600年頃	蒲原地方を中心に巨大首長墓、魚沼地方や頸城地方に群集墳、佐渡地方に古墳群が築かれる
682年	越国が越前国・越中国・越後国に分割される
702年	越中国から頸城、古志、魚沼、蒲原の4郡を越後国に移管
743年	佐渡国を越後国に併合する
863年	越中・越後国に大地震が発生
1530年	長尾景虎(上杉謙信)が誕生
1548年	長尾景虎が春日山に入城。守護代長尾家を継ぐ
1553年	長尾景虎が川中島に出兵(第一次川中島合戦)
1578年	上杉謙信が49歳で死去
1592年	上杉景勝が佐渡国で検地を行う
1598年	上杉景勝が会津に移封となる
1601年	佐渡が徳川氏の直轄地となる
1679年	高田藩の御家騒動(越後騒動)が起こる
1838年	佐渡一国騒動が発生
1859年	ロシア船とオランダ船とイギリス船が新潟に来航
1868年	戊辰・長岡戦争が始まる。越後(新潟)府・佐渡県・柏崎県を設置(1869年に一体、廃止になるが同年再度設置)
1871年	廃藩置県により13県が誕生するも統廃合で新潟・柏崎・相川の3県になる
1872年	大河津分水騒動が発生
1873年	新潟県が柏崎県を合併する
1876年	新潟県が相川県を合併する
1886年	福島県の東蒲原郡が新潟県に編入される。直江津・関山間に新潟初の鉄道が開通
1889年	市制施行により新潟市が発足する

※各種資料より作成

である。飛鳥時代、ヤマト政権のあった近畿地方より北の日本海側は「越国」と呼ばれた辺境だった。当初ヤマトは越国を鬼（渡来人？）や土蜘蛛（ヤマトに恭順しなかった豪族で尻尾があったという説もある）がいる異境と考えていた（ヒドい差別だ）。その越国が６９０年頃に越前・越中・越後に分かれた。７０２年には越中の親不知（現在の糸魚川市）以東の４つの郡（頸城郡、古志郡、魚沼郡、蒲原郡）が越後に組み込まれ、７１２年に出羽郡（現在の山形・秋田両県）が出羽国として成立したことで、現在の新潟県域に近い越後国の国域が確定した（佐渡国は一時越後に併合したがすぐに元に戻した）。当時の越後は、蝦夷に備える軍事拠点の役割を持っていたが、東国と違って蝦夷への本格的な攻撃を仕掛けた形跡はなく、案外平和だったようだ。派手な出来事が起きないあたり、いかにも地味な新潟らしい。

さて、この飛鳥時代を過ぎてしばらくは、主な出来事といえば佐渡や越後への大物の流刑ぐらい（寂しい……）。華々しい歴史トピックは上杉謙信の登場まで待たなければならない。

新潟県の主な歴史②

年	事柄
1896年	信濃川・阿賀野川で大水害発生
1922年	大河津分水路が完成し、通水を開始
1931年	上越線が全線開通
1945年	長岡大空襲。6万5000人が罹災
1952年	国がトキを特別天然記念物に指定
1959年	国道17号開通。第一次北朝鮮帰還船が新潟港を出港
1962年	新潟・上野間に特急とき登場
1964年	新潟地震発生
1971年	高田・直江津市が合併して上越市となる。新潟水俣病第一次訴訟判決で原告が勝利
1972年	田中角栄が内閣総理大臣に就任
1982年	上越新幹線の新潟・大宮間が開業
1985年	柏崎刈羽原発の1号機が発電開始。関越自動車道が全線開通
1988年	北陸自動車道が全線開通
1994年	アルビレックス新潟FC が誕生
1996年	巻町で全国初の原発住民投票が行われる
1997年	ほくほく線が開通。磐越自動車道が全線開通
1998年	北陸新幹線の長野・上越間が起工
2002年	北朝鮮拉致被害者5名が帰国
2004年	新潟県中越地震が発生
2007年	新潟市が政令指定都市に移行。新潟県中越沖地震発生
2009年	衆議院選挙の小選挙区で自民党がすべての議席を失う
2011年	東日本大震災発生。新潟・福島豪雨発生。新潟州構想を発表
2012年	新潟県沖の油田試掘方針を決定

※各種資料より作成

新潟史のハイライト　軍神・上杉謙信登場！

室町幕府を創始した足利尊氏が、越後守護にいとこの上杉憲顕（のりあき）を任命。これを契機に越後と上杉氏の関係は始まった。憲顕は後に関東管領職に就く際、越後守護の職を息子に継がせた。上杉から分家して越後守護上杉氏として独立させたのだ。謙信はこの越後守護上杉家の家臣で、後に越後守護代を務めることになる長尾家の出身。上杉を名乗るようになるのは、謙信が長尾景虎を名乗っていた頃に関東管領だった上杉憲政からその職を譲渡され、上杉姓を下賜されたことによる。

謙信といえば、ライバル・武田信玄との5度にわたる川中島の戦いが有名で、軍神の異名を持つほどの戦上手として知られている。その一方、さすが越後人だけに大酒飲みでもあった。味噌や梅干しを肴にして、年がら年中酒を飲んでいたため、飲酒と塩分の過剰摂取による脳溢血で死亡したという説はあまりにも有名だ。

飲んだくれの名将の謙信だが、大河ドラマ『風林火山』でＧＡＣＫＴが謙信を演じたことが始まりだったか、歴史上の人物をアイドル化する歴女に大人気となった。さらに、謙信は生涯不犯（一生女性と関係を持たない）を貫いたこともあって、歴史好きの腐女子（ボーイズラブ好きの女子）からの支持も高い。加えてアニメなどでは女性として描かれたりもして、現代では「越後の龍」もかたなしである。

その上杉氏といえば、佐渡との縁も深い。鎌倉から戦国にかけて佐渡国を支配した本間氏は、反上杉を掲げて逆に上杉景勝に討伐された。さらに、景勝が会津に移封された後も、佐渡の金山の領有権は上杉に残されたのである。

だが、上杉が領有した佐渡の金山は、かの有名な「佐渡金山（相川鉱山）」ではない。佐渡金山は1601年に発見され、江戸幕府は重要な財源供給地である佐渡を天領に定め、現地から莫大な量の金と銀を幕府に上納させた。

慶長年間の記録によれば、当時の佐渡には、町民や坑夫の他に多くの見物人までやってきたので遊郭ができ、京都や江戸に負けず劣らずのにぎわいを見せたという。そのため、遊興に耽ってスッカラカンになり、国元に帰れなくなった者が大勢出たそうだ。まるで「桃源郷」か「黄金の国・ジパング」か。佐渡では庶民も金バブルに大いに酔ったのだ。

栄光と挫折の近現代　狂った歯車は戻らない

江戸時代の初期、佐渡は金山を中心に海運でも栄えた（相川や小木など）。江戸中期〜後期になると、日本海航路では北前船が活躍するようになる。その中継地点となった越後・佐渡でも多くの船が交易に従事した。新潟港は北国最大の鉄の移入港として、三条などの金物生産を支えた。海運のほかに、信濃川・阿賀野川を利用した舟運も活発だった新潟（当時は長岡領新潟町）は、越後随一の港町として名を馳せた。

江戸期に国内流通経路の重要な拠点だった越後だが、金銀以外の流通品といえば、なんといっても米である。信濃川流域は水害のせいで収穫量のバラつきはあったが、後に越後平野で治水工事や新田開発が行われ、石高が大幅にアップし、領主米以上の量の民間流通米が取引されるようになった。こうして現地では商業活動が活発化し、農民にも貨幣を使った暮らしが広まると、彼らは農産物を売って生計を立てるようになった。

しかし、生活が豊かになった反面、その生活レベルを落としたくないという理由で、農民たちは借財をするようになった。耕作地を質入れして借金するものだから、返せなくなって質流れする土地が増加。そのため土地が流動化して、従来の地主がそれらの土地を所有することになり、大地主（豪農）が誕生した。やがて越後の村々は、少数の大地主と大勢の小作人という構図になっていったのである。こうした構図は近代に入ってもずっと続き、大正期の統計によれば、50町歩以上を有する大地主の数は全国1位。しかも当時、1000町歩（およそ東京ドーム210個分）以上の巨大地主は日本に9件あって、そのうち5件を新潟が占めていたそうだ。彼らは自分の土地で収穫した小作米を売って莫大な富を得、地元企業への投資を続け、地元経済や行政の分野で絶大な影響力を持っていた。

しかし、一部の巨大地主が支える社会構造は限界に達する。海運や農業で絶頂を極めた新潟は、昭和の世界恐慌に端を発する国内の農村恐慌で大打撃を受ける。農産物の価格が暴落し、農民は農業だけで生活することがままならなくなり、東京や大阪に出稼ぎに出るようになった。恐慌の影響は地元経済にも打撃を与え、地元の中小企業は巨大な負債を負った。出稼ぎや身売りによる人口の流出は止まらず、新潟はにっちもさっちも行かなくなってしまったのだ。

これ以後、新潟は農業頼みからの脱却を試みるも、その農工併進策は太平洋戦争で一時頓挫。戦後再び計画は始動するが、今度は度重なる開発政策が県財政を危機に陥れた。その後、昭和の米増産運動で、新潟は100万トン増産を目指したものの、これが米余り現象を引き起こし、減反政策の引き金となった。まさに負の連鎖だ。だが一方で、上越新幹線や関越道といった高速交通網の整備により、企業の誘致や観光客の増加には成功した。とはいえ、往年のピッカピカの輝きからすれば、まだまだ曇ったまま。過去の経済的繁栄に胡坐をかいて停滞しているかのような今の新潟が、再び歴史の表舞台に立つ日は来るのだろうか？

日本百名城のひとつにして、上杉謙信の居城として知られる春日山城。地形を上手く利用して造られた堅城だ

江戸時代、莫大な量の金や銀を幕府に上納し、世界的な鉱山として名を馳せた佐渡金山。その当時、佐渡島内には遊郭などの娯楽場もでき、そこでは身上を潰した庶民も多かったという

多くの災害に見舞われても折れない県民の魂

多くの災害に襲われてきた新潟

当地域批評シリーズで、筆者は群馬県の執筆も担当した。その群馬は災害が非常に少なく（火山の噴火の危険性はある）、関東の１都６県でもっとも安全な県である。そんな安全な県のすぐ隣なのに、新潟は逆に災害が多い。地震、水害、豪雨、豪雪と、これまで数多くの天災に見舞われている。

特に新潟は地震が怖い。文部科学省の地震調査研究推進本部のホームページによれば、歴史上、新潟県に被害をもたらしたと記録される大地震は19件もある。古いところで目立つのは、１７５１年の越後・越中地震（高田大地震）だろう。高田領での死者は１１２８名に上り、被災地全体での家屋全壊及び消失は6088棟。マグニチュードは7、あるいは7・4と推定され、高田城も倒壊し、地面が大きく裂け、所々から水が噴き出した（液状化現象）という。

比較的新しいところでは、1964年に起きた新潟地震の被害も大きい。マグニチュードは7・5。震度は5程度と揺れの規模はそれほど大きくなかったが、越後平野は軟弱な砂地盤だった上に、埋立地が多かった新潟市内の地面は流動し、不同沈下（建物が不揃いに沈下を起こすこと）が著しかったという。想像するだけでも恐ろしいが、さらに最大3〜4メートルの津波も発生するなど、県内で死者13名、負傷者315名を数えた。

そして、未だに鮮明に我々の脳裏に焼き付いている地震が、2004年に起きた新潟県中越地震と、それに続く2007年の新潟県中越沖地震である。

ふたつの中越地震で受けた大ダメージ

新潟県中越地震のマグニチュードは6・8。県内の川口町（現在は長岡市に編入）では震度7を記録した。人的被害は死者68名、負傷者4795名を数え、強烈な揺れによって、中越地方では崖崩れや地すべりが発生。道路や鉄道は寸断。電気・ガス・水道といったライフラインも止まり、多くの人が避難を余儀なくされた。この地震で大きくクローズアップされたのが山古志村（現在は長岡市に編入）だ。村への道路はすべて寸断され、村民が地域内に孤立。自衛隊による救助作業の様子は何度もニュース映像で流れた。

一方、2007年の新潟県中越沖地震だが、こちらのマグニチュードも6・8。長岡市や柏崎市、刈羽村では震度6強を記録した。2004年の新潟県中越地震とこの約4カ月前に起きた能登半島地震との因果関係が指摘されたが、地震調査研究推進本部の地震調査員会は、過去の地震に誘発されたものではないと指摘。中越地震との関連性はあくまでも否定された。

この新潟県中越沖地震では県の広範囲で断水や停電が起こったが、もっとも深刻だったのは、揺れの大きかった柏崎市と刈羽村に立地する柏崎刈羽原発内で起きた火災事故だった。3号機から発生した火災の消火活動では、現場が大迷走。非常時の対応に職員たちはまったく慣れておらず、自力での消化ができなかった。自衛消防隊という組織もまったく機能せず、結局は地元消防隊によって鎮火された。当時の東電は「想定外の出来事」とコメント（どこかで聞いた？）。危機管理の欠如が甚だしいドタバタぶりだった。だが、もっと恐ろしかったのは、放射性物質の漏えいが確認されたことだ。漏れた量は微量だったが、これにより新潟は、地震被害はもとより、風評被害でも苦しんだのである。

中越沖地震後、同原発を管轄する東電は、原発周辺に存在する活断層の長さを8キロから23キロに今さらながら訂正した（専門家は36キロと判定）。こうした一連の流れを見ると、2011年の東日本大震災とそれに起因した福島第一原発事故の約4年前に、巨大地震が発生した際には人の想定を超える事象が起きる危険性があることを、東電は当然認識していたはずなのである。

しかし東電は東日本大震災を受けた後で、柏崎刈羽原発に防潮堤を設置すると発表した。対策はあまりにも後手後手（というかずっと放置していた？）で、過去の教訓がどこにも活かされていないのだ。これはもう脱原発かどうかという議論以前の問題である。

現在、活発な活断層が日本海も含め7つも確認されている新潟県は、巨大地震に対してそうそう楽観視できる県ではない。さらにそうした地勢の上に原発まで建っている。それゆえ、巨大地震への防災対策は、多角的な取り組みが必要だろう。そしてそうした対策は、万全過ぎるぐらいやってもやり過ぎということはないのだ。

バケツをひっくり返した以上の大雨が新潟を襲う

地震も多いが、新潟は昔から豪雨による水害も多い地域だ。

古いところでは、1967年の羽越水害。下越地方の荒川や胎内川地域で、12時間の雨量が400ミリに達する集中豪雨が発生。河川の決壊・氾濫、土石流などが発生し、県内で8名の死者、137人の負傷者を出した。

1995年には、上越地方から長野県にかけての姫川・関川流域で、大雨による洪水や土砂崩れが発生（7・11水害）。1998年には、新潟市で1時間に97ミリという猛雨が降り、市内の1万棟を超える家屋が浸水（8・4水害）。2004年には「7・13新潟豪雨」と呼ばれる大雨が発生。この大雨で五十嵐川や刈谷田川など計11カ所で堤防が決壊し、下越南部から中越にかけての広い地域が道路の冠水や住宅浸水に見舞われ、全体で死者15名を数えた。

２０１１年には下越地方西部と中越地方北部で集中豪雨が発生（平成23年7月新潟・福島豪雨）。十日町では１時間に１２１ミリという猛烈な雨量を観測した。この豪雨で、堤防の決壊、土砂崩れ、住宅浸水、鉄道の鉄橋崩落や水力発電所の停止、さらに魚沼産コシヒカリの水田も大きな被害を受けた。

現在でも豪雨の被災地を歩くと、当時のつめ跡はハッキリと残っている。未だに通行止めのままの道や、ショベルカーによる復旧作業が続けられている場所もあり、豪雨のすさまじさをまざまざと見せつけられる。だが、２００４年の「7・13新潟豪雨」を受けた防災対策が功を奏したようで、死者や住宅倒壊の数は前回よりも少なく済んだという。そう考えると、災害に対する記憶を風化させないことも、有効な防災対策のひとつなのだろう。

豪雪被害に見える新潟が抱える問題

新潟全域が豪雪地帯ではないが、新潟といえば豪雪のイメージがある。豪雪地帯に住んでいる人ならば当然認識しているが、豪雪は恐ろしい災害だ。雪崩や家屋破壊、雪下ろしの際の落下など、豪雪によって引き起こされる災害は、死に直結しやすい。

２００５〜２００６年にかけて、上・中越は記録的な豪雪に見舞われた（平成18年豪雪）。津南町では積雪量が４１６センチにも達し、県は除雪に追われ、さらに災害派遣を自衛隊に要請するほどだった。この豪雪で県内では32名の死者が出た。また、この平成18年豪雪に匹敵する豪雪となった２０１１〜２０１２年の冬にも、県内で29名が死亡し（２０１２年度）、その死者の大部分は高齢者だった。

豪雪時の死亡原因は、雪崩や土砂崩れのようなものは少なく、そのほとんどは除雪作業中の事故か、家屋倒壊による圧死だ。そして死者の大半が高齢者というところに、新潟県が抱えるある問題が垣間見える。それが地域の高齢化だ。

山間部を中心とする新潟の豪雪地帯は田舎である。娯楽も何もない田舎の若者たちは、刺激を求めて都会に出る。すると地域には高齢者ばかりが残る。作業を手伝ってくれる若者がいないから、高齢者たちは自分自身で除雪作業をするしかない。ただでさえ除雪は危険と隣りあわせだ。それを足腰の弱った高齢者が行うのだから、事故が起きる確率は高くなる。

防災では自助（自分の身は自分で守る）は大事なことだ。しかし、高齢者のなかには自助が無理な人もいる。そうした場合に大事になるのが共助（地域内の助け合い）だ。豪雪地帯の自治体も共助の重要性は分かっていて、地域内の共助活動を推進している。

災害に何度も見舞われ、そこから這い上がってきた新潟の最大の武器は「共助」、つまり「助け合い」の精神だ。しかし、過疎化がさらに酷くなれば、助け合いはままならなくなるだろう。新潟にとって人口流出を止めることもまた、大事な防災対策なのである。

2004年10月に発生した新潟県中越地震によって水没した旧山古志村の家屋。実際に目にしたときの衝撃はいまでも忘れられない

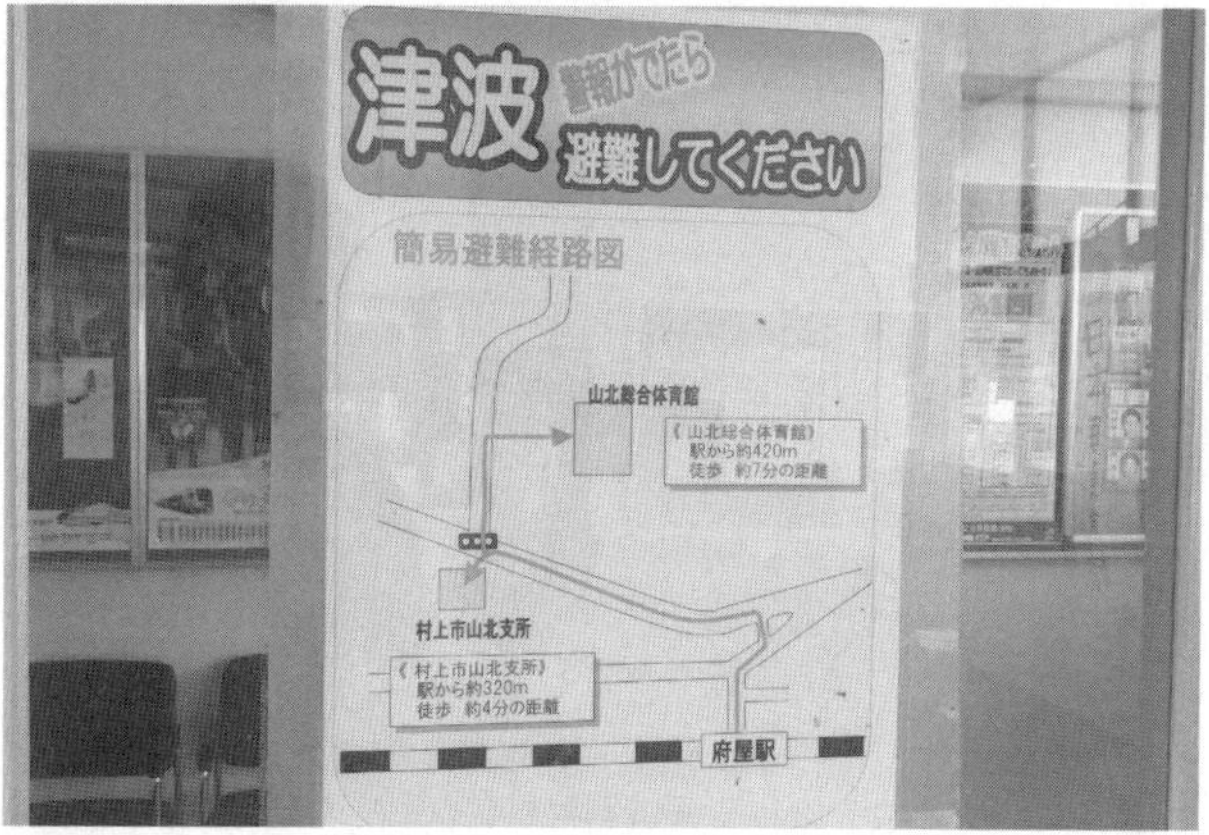

2019年6月に発生した山形県沖地震で震度6強を記録した村上市。旧山北地区は津波は免れたが、それでも大きな被害を受けた

1984 年から運転を開始した柏崎刈羽原子力発電所。2007年の新潟県中越沖地震では、発電所内での火災の他に放射性物質の漏洩事故を起こした。脱原発が叫ばれるなか、さあどうする？

新潟は山間部を中心にして豪雪地帯が広がっており、冬場の積雪量は時に3メートルや4メートルを超えることも。生活する上で除雪（雪下ろし）は必要だが、高齢者による事故も多発している

各市街地に元気がない　人の流出も止まらない

大地主が作り上げた新潟のすごい繁栄ぶり

ハナからダメなら、そのダメっぷりに多少拍車がかかっても、それを衰退とは感じないだろう。衰退というのは大抵、もともと良かったものがダメになっていく過程で感じるもの。新潟が衰退している、廃れていると感じてしまうのは、過去に繁栄していた時期があったからこそなのだ。

江戸の昔、新潟は佐渡の金銀山はもとより、日本海貿易（北前船）の中継地点として栄えた。また、広大な越後平野を有して日本一の米作地帯でもあった新潟は、明治に入ると食糧基地としての役割を担う一方、経済・政治・文化の面でも全国屈指の大県となっていた。

当時のそうした繁栄に寄与していたのが大地主たちである。広大な土地（耕作地）を有して莫大な富を得ていた大地主たちは、地元企業に積極的に投資をするなどして、県内の近代産業の発展に大きく寄与し（こうした投資によって日本有数の大金持ちになった地主までいた）、地元で絶大な影響力を保持していた。さらに、大地主たちの多くは、国政や地方政界の議員としても活躍し、富と権力の双方で絶頂を極めていた。

さらに文化面においても、地主たちによって新聞の創刊や私塾の創設なども行われ、さらに一部の地主は学者・研究者としても活躍。文化や学術に高い理解を示していた地主の庇護のもと、他県もうらやむほどの高度な文化が、新潟では花開いていたのである。

こうして、明治初期から中期にかけて、メッチャクチャ繁栄していた新潟には、とんでもなく人もいた。当時の内務省によってまとめられた『日本全国戸口表（1884～1897年）』によれば、1887～1893年頃まで、全国の道府県のなかで人口がもっとも多かったのは新潟県だった（当時の人口は170万人ほど）。東京・大阪・兵庫・愛知といった、現在の主要都道府県よりも、新潟は人で溢れかえっていたのである。

ちなみに、新潟の人口が当時これだけ膨れ上がったのには、先述した経済・政治・文化の繁栄のほかに、宗教的な要因があるともいわれている。新潟を含む北陸地域は仏教（特に浄土真宗）への信心が篤かったため、古くから日本全国あちこちの農村で見られた、食い扶持を減らすための間引き（生まれたばかりの赤ん坊を殺す）や身売りは罪とされ、ほとんど行われることはなかった。そのため、新潟の農村では過剰なほど人口が増えたという。

労働力の供給地となり人がどんどん減っていく

明治初期～中期を絶頂期として、新潟は衰退を始めた。その主な原因は、太平洋側地域の急速な近代化だ。戦時下では日本海側は重要な地域ではあったものの、日本の行政・経済の中心はあくまでも太平洋側だった。そのため、何事においてもまず太平洋側が優遇された。そうしたなかで、いつしか新潟は国内の近代化を縁の下で支える「農業県」になってしまった。日本の近代化の流れに、新潟は完全に乗り遅れたのである。

そして、信心溢れる牧歌的な農業県にして、やたら人がいる新潟は、近代化を推進する太平洋側への労働力の供給地となった。勤勉で忍耐強く、真面目な新潟県民は、働き手として重宝されたようだ。しかし悲しいかな、労働力として重宝された背景には、当時の新潟の教育レベルの低さがあった。

明治30年頃の義務教育就学率は全国平均で約67パーセント。それに対して新潟は約52パーセントしかなかった（女子の就学率は特に低かった）。高等教育機関にしても、新潟はもとより日本海側には非常に少なかった。教育環境が不十分なため、県民の多くは早々に、勉強することよりも農業や単純労働で働くことを選択した。そして農家の次男坊や三男坊、あるいは女子の多くが、仕事のある太平洋側へと出稼ぎに出た。出稼ぎを終えると、再び地元へ帰る者もいたが、なかにはそのまま移住した者も多かった。こうして新潟からは人がどんどん流出していき、一時は全国の道府県で1位だった人口が、大正初期には6位にまで落ちた（それでも多いんだけどね）。

こうした人口流出問題は県の永遠のテーマでもあり、現在も若者の流出が止まらない。今では進学目的のケースも多いが、昔のように就職先を求めて出るケースもやはり多い。時代は変わっても、新潟は労働力の供給地なのだ。

時が止まったかのように旧態依然としている新潟

さて、衰退を続ける新潟県だが、その要因には「タイミングの悪さ」と「立ち遅れ」もある。

明治期の新潟は、国内の近代工業化の波にものの見事に乗り遅れた。他県が工場や学校を作ろうというとき、県は何もできなかった。水害で農地がダメになり、その復旧のための予算がかさみ、工業化に金が回らなかったのだ。

昭和初期には県の工場誘致策によって工場が次々と建った。しかし、戦争に入って工業部門が国の統制下に入ってしまった。工業分野の発展を目指した県の思惑は頓挫するのである。戦後、再び農工併進策を進めたが、国の財政引き締め策や税制改革と重なって県の財政が疲弊し、開発どころではなくなった。どうも間が悪い。

とはいえ、やがて国内の高度経済成長もあって財政再建のメドが立ち、さらに新潟地震の被災復旧が絶好のタイミングとなり、地域開発は活発化した。その後、上越新幹線や関越道といった高速インフラの登場は工場誘致と観光客の増加につながり、新潟の景気も回復。往年の繁栄は無理でも、新潟は一時好景気に沸いた。

しかし今の新潟は、そこから時が止まってしまっているかのようである。日本が高度経済成長を経て安定成長期に入り、一億総中流と呼ばれた古き良き昭和の時代に、田中角栄というカリスマの登場で一時復活を遂げたものの、その甘美な余韻を今でも引きずって停滞しているように思えてならない。

とにかく県内の街はどこも古めかしいままだ。それは歴史と伝統に彩られた「重厚な古さ」ではなく、昭和後期の匂いを漂わせるビミョーでイマイチな古さで、それを「レトロ感」と呼ぶには、あまりにも味わいに乏しい。

たとえば新潟市は政令指定都市でありながら都市整備で立ち遅れている。市街地は、昭和30年代から大火で焼けた古町の再建、国体、新潟地震からの復興を掲げて開発。昭和40年代後半から50年代は、新潟駅の改築や万代地区の開発も行われた。しかし、そうした活気のある時代を過ぎて平成になると、市街地の空洞化が起こり始め、古町を筆頭に町は廃れていった。そして昭和の開発で建てられた建築物が町の至る所に残り、中途半端な「古ぼけ感」を演出している。さらに都市整備とは名ばかりの、むやみやたらのマンションの建設。そこに「柳都」と呼ばれていた新潟市本来の美しさはすでに無い。

県下第二の都市・長岡市も、その市街地は廃れる一方。もともと、上越新幹線を中心とした公共交通機関、中心市街地、商業の相互連携がうまくいっていたが、郊外への大型商業施設進出による市民の消費行動の変化や、観光客減などの影響もあって、うまく連携をとれなくなった。市街地にはアーケード、シンボルロード、地下駐車場が完成したものの、アーケードは人もまばらで、大きな効果を上げているとは言い難い。そもそも現代の消費者が喜ぶ魅力的な店が少ないのだから、長岡に人は来ないし、若者だっていなくなる。

上越市の市街地も空洞化が顕著だ。たとえば直江津の商店街などはまったく元気が無い。古めかしい店ばかりで、若者は街中にほとんどいない。というか、人が少ないので、商店街自体成り立っているのか不安になるぐらいだ。

そのほか、新発田市、三条市、燕市、小千谷市、十日町市なども、昭和風の古めかしい商店街が現存し、所々シャッター化しているのが痛々しい。だからといって、再開発しようにも金はかかるし、その費用対効果も未知数だから、自治体だって二の足を踏む。しかし、一歩も二歩も立ち遅れた今の状態のままでは、近い将来、都市が形骸化して、仮にゴーストタウンとなったとしても驚かない。一方、村上市のように、歴史や文化を前面に出してがんばっている例外的な町もあるが（人口は減ってるけどね）、合併で巨大な市域を手に入れた村上は、村上地域だけが衰退を逃れればいいってものでもなく、市内全体の調整が難しい。

手をこまねいているうちに立ち遅れ、衰退の一途を辿る新潟。今後、県と県内の市町村の「一歩踏み出す勇気」が問われそうである。

新潟市随一の歓楽街として名を馳せた古町。その商店街は、週末だというのに人もまばら。今の消費者の嗜好に合うような魅力的な店も少なく、同市内の万代エリアとは差が付く一方だ

新潟県内には過疎化と高齢化に悩む地域や集落が多数ある。若者は出ていき、新たに流入する者もおらず、老人ばかりになったこうした集落は、いつしか消滅していくといわれる

とにかく米、米、米！全国屈指の食糧大国

あれっ？　思ったほど農業県ではないぞ！

明治時代、日本の近代化が進められていくその裏で、「農業県」のレッテルを貼られてしまった新潟県。だが、２０１６年の農林水産統計によれば、農業産出額は２５８３億円で都道府県のなかで第12位。現在の新潟県は、農業県の国内トップ３と呼ばれる、北海道（１兆２１１５億円）、茨城県（４９０３億円）、鹿児島県（４７３６億円）と比べると、国内有数の農業県というにはやや物足りない。

しかし、新潟にはどこにも負けない生産量を誇る、「金看板」の農産物を持っている。それが「米（コシヒカリ）」だ。

日本人の主食である米。食卓の欧米化で、若者の米離れが叫ばれる昨今だが、米食こそ日本人の魂そのものであり、米の品質や味にこれだけこだわっている国は他にないといっても過言ではない。

先述した農林水産統計によれば、新潟県の米の産出額は１４８４億円で全国1位。２位の北海道は１１６６億円で、茨城や福島など3位以下の産出額と比べると、ほぼダブルスコア。米に関しては他者の追随を許さない圧倒的な強さを誇っている。

だが、何も生産高だけが自慢ではない。品質ももちろんトップクラスである。日本穀物検定協会による２０１１年度の米の食味ランキングで、新潟からは魚沼、中越、岩船、佐渡の４つの銘柄のコシヒカリが、最高の特A評価を受けた。中越産コシヒカリは２０１０年度に一度A評価に落ちたが、再度の特A評価。魚沼産も一時は28年連続の特A評価からA評価に落ち、すぐ復権を果たしたが、その味・ブランド力共々、米業界の不動のエースに君臨している。

魚沼を筆頭にした新潟県産コシヒカリは、まさしくブランド米だ。その異常なまでのブランド力の高さを示すエピソードが、「偽コシヒカリ騒動」である。

現地の生産高以上のコシヒカリが「新潟産」「魚沼産」などといって全国に流通し、消費者の波紋を広げたのだ（詳しくは235頁〜で）。県の大きな財産であり、主力農産物のコシヒカリだけに、県も敏感に対応。検査の強化を徹底した。

こうした偽コシヒカリ騒動は、騙された消費者や、真摯に米作りに取り組んでいる生産者にとっては非常に腹立たしく許せないことだろう。しかし、ニセモノが出るというのはそれだけブランド力が高いということの裏返し。一種の有名税みたいなもので、一層本物の価値が高くなったりするから、痛し痒しの部分はある（でもやっぱり偽物はダメです！）。

消費者と直接取り引き　農業経営も変わってきた

農林水産業にとって、農産物のブランド力の向上は重要なのだ。魚沼産コシヒカリのように、高いブランド力が備わっていれば、販売単価も高水準となり、米農家の所得も上がって、経営もやりやすくなる。しかも、需要があるのだから、減反なんてする必要もない。

だがその一方で、ブランド力が上がったために、作れば売れるからと生産性を必要以上に上げて、逆に品質を落としてしまったなんてケースもあったりする。とはいえ、農産物のブランド化というのは、農家に「所得増」と、それに起因した「やりがい」を生み出してくれるメリットは大きい。

若者の農林水産業への従事希望者が少ないのは、キツい労働という他に、所得が少ないというイメージがあるからだ。2010年の世界農林業センサスによれば、新潟県の農業就業人口は、1990年に16万9503人だったのが、2010年には9万8988人に激減している。しかもその平均年齢は1995年に60・3歳だったのが、2010年は66・4歳になった。高齢化する一方である。

また、農業就業人口のうち、この調査の期日前1年間の普段の主な状態が「仕事に従事していたもの」、つまり農業を主な仕事にしていた基幹的農業従事者数は、2010年が7万4827人で、2005年より782人増加していた。

しかしやはり高齢化は著しく、65歳以上が全体の67パーセントを占め、75歳以上の従事者も2005年と比べて大幅に増加している。平均年齢は67・7歳で、全国平均の66・1歳と比べても高く、販売農家の高齢化も深刻な問題だ。新潟を衰退させる要因でもある人（若者）の流出は、県の基幹産業ともいえる農業の現場にも暗い影を落としているのである。

ただし、割合は多くないにしろ、新潟で農業を仕事にする人は以前よりも増えているわけで、その要因は、若者（農家の2世を含む）が農業経営に夢を持てる環境になってきたことが影響しているのかもしれない。

以前の農業の経営といえば、まず農協ありきの考え方が主流だった。農協が出荷物をまず買い取る方式は、農家にとって所得的な魅力こそ薄いものの、確実にさばけるという点で安心感がある。しかも、融資や農業指導、農家にとって面倒な手続きなどを農協がしてくれるというメリットもあった。また、村社会では、地域内農家の全員が農協の組合員になるのが普通だった。昔の村社会は秩序を乱すものを許さなかったのだ。

しかし、近年では新潟の（というより全国？）農家の考え方も、「何がなんでも農協！」という考え方では無くなってきている。以前は専業農家が、農協を通さないで消費者と直接取り引きをしたり、化学肥料や農薬の使用を極力抑えた有機農業を行ったりすると、手数料が落ちない農協は、このような農家を排除しようとした。しかし、多くの農家がそんな農協の不合理さに気づいてしまったのだ。そして多くの農家は法人化して、消費者との直販に乗り出した（第六次産業）。こうして新潟県の２０１０年の農協への出荷農家数は、２００５年に比べて約20パーセントも減少（約１万４０００件の減）したのである。

たとえば魚沼産コシヒカリ。自分たちが手塩にかけて作った米が消費者によって高く評価され、納得した価格で売れるのなら、何も農協に安く売ることもない。農協から離れれば、不作の年などに保証を受けられない、販売ルートを開拓しなくちゃならないというデメリットはある。しかし、生産物に絶対の自信を持つ農家にとって、自らが一経営体となり、商売ができるのは魅力的だ。米農家に限らず、新潟では直販に取り組む生産者が増えているが、なかには生産物の加工や観光農園などのレジャー農業にも取り組み、着実に利益を上げている農家もある。だが実際、こうした取り組みができるのは、新潟の食全体が高いブランド力を保持しているからに他ならない。

とにかく質にこだわる新潟の農林水産業

新潟の漁業もブランド勝負の側面が強い。魚種も豊富で海岸線も長いので、どれだけ漁獲があるのかと思いきや、２００８年の漁業・養殖業生産統計によると、新潟県の漁獲量は３万４８００トンで、全都道府県中34位。意外だが、新潟の漁獲量は多くないのだ。

だが、魚といえば新潟ブランドは人気がある。「日本海の海の幸」というフレーズは、県外者へのアピール度は抜群。実際、佐渡の寒ブリや村上の鮭といったブランド品や、ズワイガニやナンバンエビ（甘えび）なども有名。最近ではクロマグロも知名度を上げている。

漁業もそうだが、新潟は第一次産業王国のイメージはあっても、米以外のものとなると実はピンと来ない。２０１０年度の農林水産統計による都道府県別の農業産出額上位10品目によれば、米に次ぐ2位が鶏卵（全国6位）、3位に豚（全国14位）と畜産品が続いている。どちらも量は獲れるが特に有名ではなく、同じ畜産ならブランド牛の「村上牛」のほうがまだ認知度は高い。

村上の特産といえば鮭。塩引きの鮭は冬の風物詩だが、地元で聞くと、美味いのは初夏なんだって。余すところなくいただきます

他に特産品として、園芸品のチューリップや、ルレクチェ（洋ナシ）といった果樹もあるが、どれもシエアというよりも、品質で勝負している感じだ。

米を筆頭に質で勝負するのが新潟流なのだろうか。従事者の高齢化は顕著だが、こうした姿勢でいる限り、新潟の農林水産業の未来は決して暗くない。

魚沼市の特産といえばやはりコシヒカリ。米の食味ランキングで、特A を28年連続で獲得した、日本米穀界の不動の王者だ。新潟では他に、中越、岩船、佐渡産コシヒカリが特A評価だ

海岸線が長く、漁獲量がいかにも多そうな新潟だが、実はそれほど多く魚が獲れるわけではない。しかし、獲れる魚種が多く、佐渡のブリや村上の鮭などはブランド魚として人気がある

県下に工場多数！職人もワンサカ！

米ばかりじゃない！　工業もかなり盛ん

新潟県が北陸かどうかの問題はとりあえず抜きにして、新潟県は北陸工業地域の一角を担っている。北陸工業地域とは、たとえば昔の京浜工業地帯のように（今は埼玉や八王子も京浜工業地帯の一部らしい）、東京湾沿岸の一角にギュッと工場が固まっているような工業地帯ではなく、新潟、富山、石川、福井をさまざまな交通路で繋いだ帯状の工業地域のことである。分かりやすくいえば、北陸各地に散らばった工業都市の総称のことだ。２０１４年の同工業地域の工業出荷額は約13兆円（工業地域として加える都市の違いで出荷額も変わるが）。国内の工業地帯・地域のなかで規模はそれほど大きくないものの、この北陸工業地域の中心を新潟が担っているのだ。

新潟は、山側に降る豪雪による雪解け水や、中央高地を水源とする信濃川や阿賀野川などの大河があるおかげで水が豊富（だから米や酒も名物になる）。水力発電は可能だし、工業用水だってたっぷりある。しかも、石油や天然ガスは採れるし、雪で何もできなくなる冬場の農閑期は、暇を持て余したオヤジで溢れ返り、過剰に労働力が生まれる。農業県といわれて、せっせと米作りに勤しんできた新潟だが、実は工業県として発展する素地はあるのだ。加えて新潟の強みは、北陸他県よりもインフラの整備が進んでいることだ。さすが土建王国という感じで張り巡らされた道路網。上越新幹線は1982年にすでに開通しており、特定重要港湾（現・国際拠点港湾）にして日本海側唯一の中核国際港湾の新潟港があり、さらに就航路線は弱いものの新潟空港もある。

そのため、その中心拠点の新潟市には続々と工場が集まった（新潟県は1989年に工場立地件数で日本一になった）。また、もともと工業が盛んだった三条市、燕市、長岡市は、上越新幹線や関越道といった高速インフラが通ったおかげで、さらに工業が発展した。

となると、新潟は農業県ではなく工業県なのか？　ということで、産業別就業者割合を調べてみたところ（データは2015年10月1日確報のもの）、第一次産業が5・9パーセント、第二次産業が28・9パーセント、第三次産業が65・2パーセントという構成比だった。全国平均の構成比と比較してみると、第一次産業が4・0パーセント、第二次産業が25・0パーセント、第三次産業が71・0パーセントだから、新潟は農工業の従事者が多く、サービス業の従事者が少ないことが分かる。新潟駅前の歓楽街の呼び込みの多さや、制コレ風のオネエちゃんたちを見ると、けっこうサービス業も盛んじゃないの？　と思ってしまうが、どうやらそうでもないらしい。もともと新潟県が目指していた農工併進策は、思いのほかうまくいったと見るべきなのだろう。

物流拠点の新潟市は米菓の製造が超有名

ここからは北陸工業地域の主要工業都市になっている県内の各都市を具体的

に見ていこう。

陸海空すべてのインフラを有する物流拠点であり、石油や天然ガスといった天然資源が採れた新潟市には、機械工業、金属工業、製紙業、化学工業など、さまざまな分野の工業が盛んである。

特に新潟市北区から聖籠町に広がる新潟東港工業地帯は、環日本海圏の玄関口として、日本海側の重要な工業拠点となっている。当地に造られた巨大な工業団地には、多種多様な企業が入り、地元雇用の促進にもつながっている。

また、産業分野のバラエティに富んでいる新潟市だが、米菓の製造業が盛んなのも大きな特徴だ。新潟は日本一の米どころだけに大量の米が採れるが、農家が出荷できない規格外の米も大量に発生する。そうした米が菓子の原料になるために、新潟には数多くの米菓メーカーができた。県も最大の特産品である米を原料にした食品加工・製造業の発展のために、米菓製造の技術や特許を取得。県内の米菓メーカーには無償で特許の使用を許可し、反対に県外のメーカーには特許の使用を許可しなかった。こうした県の協力体制のもとで、県内の米菓メーカーは大きく発展を遂げたのである。現在、新潟県の米菓産業の国内シェアは6割を超える。しかも毎年何十社と潰れていく業界で、新潟の米菓メーカーだけが好調だという。

そうした米菓メーカーの国内最大手が新潟市の亀田製菓だ。亀田製菓は1940年に亀田町（現在の新潟市江南区）の農民が共同出資してできた組合を母体とし、1957年に米菓メーカーとしてスタート。以降、新潟県民定番のサラダホープを皮切りに、ピーナッツ入り柿の種、ハッピーターン、ソフトサラダといったヒット商品を生み出した。2012年3月期の凍結決算では売上高は約787億円。最終利益は約23億円と絶好調だったこともあり、同年4月には、韓国の大手食品メーカー・農心との提携を発表。環日本海地域のみならず、海外にも積極的に営業展開していく戦略をとった。

新潟市の米菓メーカーは他に、業界2位の三幸製菓（ぱりんこ、雪の宿）や業界4位の栗山米菓（ばかうけ、星たべよ）もあり、まさに「米菓王国」なのである。

燕と三条は町全体が工場みたいなもの？

新潟県が米菓以上の国内シェアを持っているのが金属食器。その中心地が燕三条（といったら燕民と三条民に怒られる）であり、新潟市周辺と並んで、北陸工業地帯の中心的な存在を担っている。

燕は江戸期から和釘の町として知られ、明治期に洋釘の輸入が始まったことで、生活向けの金属商品を主として地場産業を発展させた。現在の燕の主要商品である洋食器の製造は大正期からで、欧米の洋食器工場が次々と軍需工場になり、その代替生産地として燕が選ばれたことによる。また、銅を中心とした金属加工にも定評があり、職人による成形技術は超一級品。最近では金属研磨の分野でも非常に高い評価を受けている。

一方の三条も、燕と同じ金属産業が盛んだが、こちらの主力商品は刃物。江戸期は燕同様に和釘の生産が主だったが、やがて鋸、鉋、包丁といった刃物の生産が主力となった。職業が自由化された明治期には、三条の鍛冶職人が激増したことで販路が拡大。三条の刃物が全国的に知られるようになった。大正期には関東大震災からの復興需要もあって、大工道具の製造が急増。工具の分野でも三条は有名になった。

この燕と三条は工場、特に中小の町工場が多く、この道一筋の職人がワンサカいる。彼らは酒を飲んで博打にうつつを抜かしていても、仕事となれば酔いで震えていた手もシャキッと止まり、常人とは思えない職人技術を繰り出す。道具ひとつで生きてきたオヤジたちは、新潟の誇りなのである。

燕や三条の陰に隠れているが、長岡も工業は盛んだ。上越新幹線と関越道の開業で、当地には続々と工業団地の造成された。もともと長岡は、石油が採れていたため、それを採掘するための鉄製器具を作る鉄工業・機械業が発展していた。現在でも主力工業製品は機械器具で、特にバイクメーターの国内シェアは９割ともいわれる。

一方、上越地方では、もともと青海町（現在の糸魚川市）の石灰石と電力資源を利用した化学工業が盛んで、現在でも多くの重化学工場が立地している。

さらに、十日町市、見附市、五泉市、加茂市、小千谷市などは織物・ニット産業が有名で、特にニットの外衣生産額は２５０億円（２００８年度）で、こ

地元産品のPRなどを行う燕三条地場産業振興センター。燕と三条といえば洋食器や刃物など金物のメッカ。外国人の訪問も多い

れは国内シェアの約12パーセントにあたり、全国でもトップクラスを誇る。

あまり工業県とは思われない新潟県だが、国内シェアでトップクラスの産業がズラリ。土地が広いから工場の規模はデカいし、生産規模もまたデカい。

燕と三条は小さい工場ばかりだが、この2市は市全体が巨大な工場みたいなもの。米といい、合併といい、なんでもスケールの大きい新潟は工業もデカい。でも、どうしてこれで雇用が不足しているんだろうね？

米菓メーカーで圧倒的な国内シェアを誇る亀田製菓は、新潟を代表する企業の筆頭。多数の主力商品を持っており、この不景気のなか、ずっと収益を伸ばし続けている

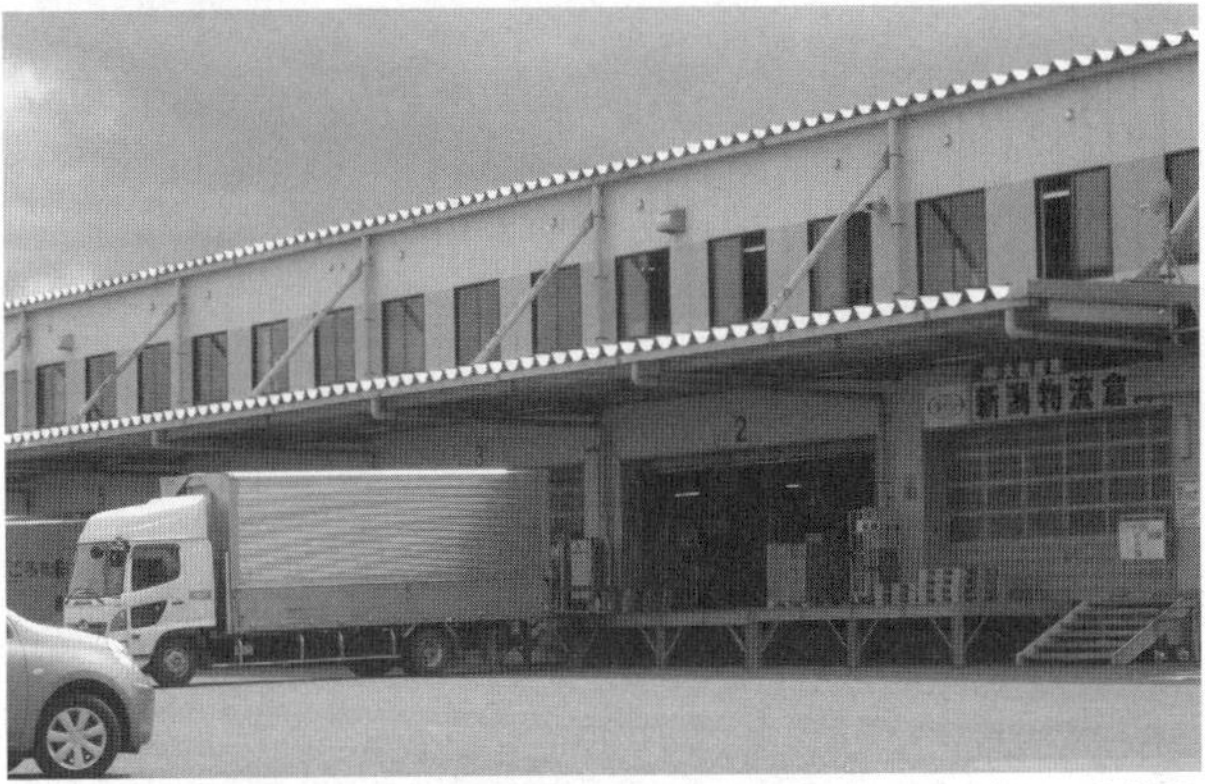

高速道路や一般道がかなり整備され、首都圏を含めてどこにも移動がしやすい新潟は、北陸工業地域の物流拠点になっている。北陸4 県のなかでも、交通インフラの優位性は随一

土建の国・新潟の超充実した交通網

インフラを充実させた数多くの公共工事

政治家の地元への利益誘導。その代名詞といえば公共事業だ。そして新潟、公共事業と聞いてピンと来るのが田中角栄である。

田中角栄は、都市と農村間に生じる弊害を克服するために、日本の高速交通網整備の必要性を説いた。整備によって、産業に乏しい地方で工業化が促進され、雇用が生まれ、所得も上がり、過疎の問題が解決する。逆に都市では過密が解消される。とにかく、地方の生活環境を整えて都市から地方への動きを活発化させせて、都市と地方の格差を是正し、共栄を図ろうと考えたのだ。

そのために行うのが「公共事業」である。うまくいけば地域経済のテコ入れにもなる公共事業について、田中角栄は地元である新潟への事業誘導を特に熱心に行った。出身地である柏崎への原発建設はもとより、上越新幹線、関越自動車道、山間部のトンネル整備といった数多くの公共事業を積極的に誘致した。

そのなかでも、上越新幹線と関越自動車道の整備事業とその完成は、新潟に好景気をもたらした。多くの工場が新潟に立地することになり（雇用も生まれた）、観光客も大幅に増加したのである。

ただ、こうした高速交通網の整備は、若者を都会に向かわせ、逆に人口減を加速されることにもなってしまった。さらに、建設業（特に土木工事業）を営む企業が多くなったことで、新潟は「土建王国」などと半ば揶揄されることになってしまったのである。

都市部の道路は超立派　地域間の道路格差大！

田中角栄は、自著『日本列島改造論』の柱のひとつ、新幹線事業のイメージも強いが、公共事業のシンボルといえば「道路」である。新潟では１９７８年に北陸自動車道の一部開通（全線開通は１９９７年）を皮切りに、１９８５年に関越自動車道、１９９７年に磐越自動車道、１９９９年に上信越自動車道が全線開通、２００１年には日本海東北自動車道が開通した。新潟の基幹高速道路は以上の５つで、新規の高速道路路線の計画は無いものの、日本海東北自動車道は山形方面への延伸と４車線化、磐越自動車道と上信越自動車道も４車線化の必要性が叫ばれている。だが、日本海東北自動車道も磐越自動車道もガラガラで、叫んでいるのは行政だけのようだ。

こうして高速道路が整備されていく一方、車社会の新潟では、一般道の渋滞が慢性化していた。そのため、特に都市部において一般道の整備が積極的に進められた。そうして誕生した一般道の代表道路が「新潟バイパス」である。１９８５年に全線開通した新潟バイパスは、地元で「無料高速道路」と呼ばれる自動車専用の高規格道路（ドライバーはホントにビュンビュン飛ばす）。ピーク時は日本屈指の交通量を誇ることでも有名だが、複数車線や立体交差などによって、大量の交通をさばけるため、渋滞が起きづらくなっている。

しかし、都市部では新潟バイパスのような大それた道路が作られたが、山間部では未舗装の道も多く、県全体の一般道舗装率（簡易舗装含む）は、２０１０年の道路統計年報によると78・１パーセントで全国平均以下なのだ（全国平均80・３パーセント）。整備格差は地域ごとに大きく、都市部では何度も道路整備を繰り返す一方、山間部（過疎地域）の道は手付かずで放置されたまま。通り抜けできない山道もあり、ナビ通りに進んで行き止まり、なんてことも多々ある。高速道路より先に、過疎地域の道をなんとかするほうが先じゃないか。

公共交通の需要減少でも後ろを向かずに前を向く

さて、鉄道に目を向けてみると、２０１４年に北陸新幹線が開業。新潟にはふたつの新幹線が走ることになった。北陸新幹線の誕生で関西方面から上越方面へのアクセスが格段に良くなるので、観光客の増加につながった一方、首都圏から直接上越方面へ行けるようになって上越新幹線に悪影響が出ると思われたが、その後も堅調でうまく共存している。

新潟を走る在来線は、ＪＲが羽越本線、米坂線、白新線、磐越西線、弥彦線、越後線、信越本線、只見線、上越線、飯山線、北陸本線、大糸線、第三セクター北越急行ほくほく線、さらに2014年には、第三セクター「えちごトキめき鉄道」の妙高はねうまライン・日本海ひすいラインが開業と、非常にバラエティに富む。だが、県域が広いために鉄道空白地帯はまだかなりあるし、車社会も手伝って鉄道需要が減少しており、ローカル線はいつ廃業の危機に陥ってもおかしくない。

そんなまるでローカル線のように、需要が少なく赤字続きだったのが新潟空港だ。かつて利用者数の減少は深刻で、海外への就航路線の休止や冬季休航が相次いだ。しかし、2012年3月から全日空の成田便が就航されたのは朗報で、その後、2014年や2017年は延べ利用者数が100万人を超えるなど回復傾向を見せたものの、需要をうまくつかみ切れていないのが現状だ。

高速道路、新幹線、空港という高速インフラの3点に加えて、在来線の種類は豊富。港湾も整備され、バス路線だって案外充実している新潟。しかし、それぞれが問題を抱えながら、それらを棚に上げて、またひたすら開発に邁進している。そこはさすがに土建王国の面目躍如といったところか。

上越新幹線の開業は新潟の発展に寄与したが、首都圏とアクセスがよくなったため、県民の東京流出を促した

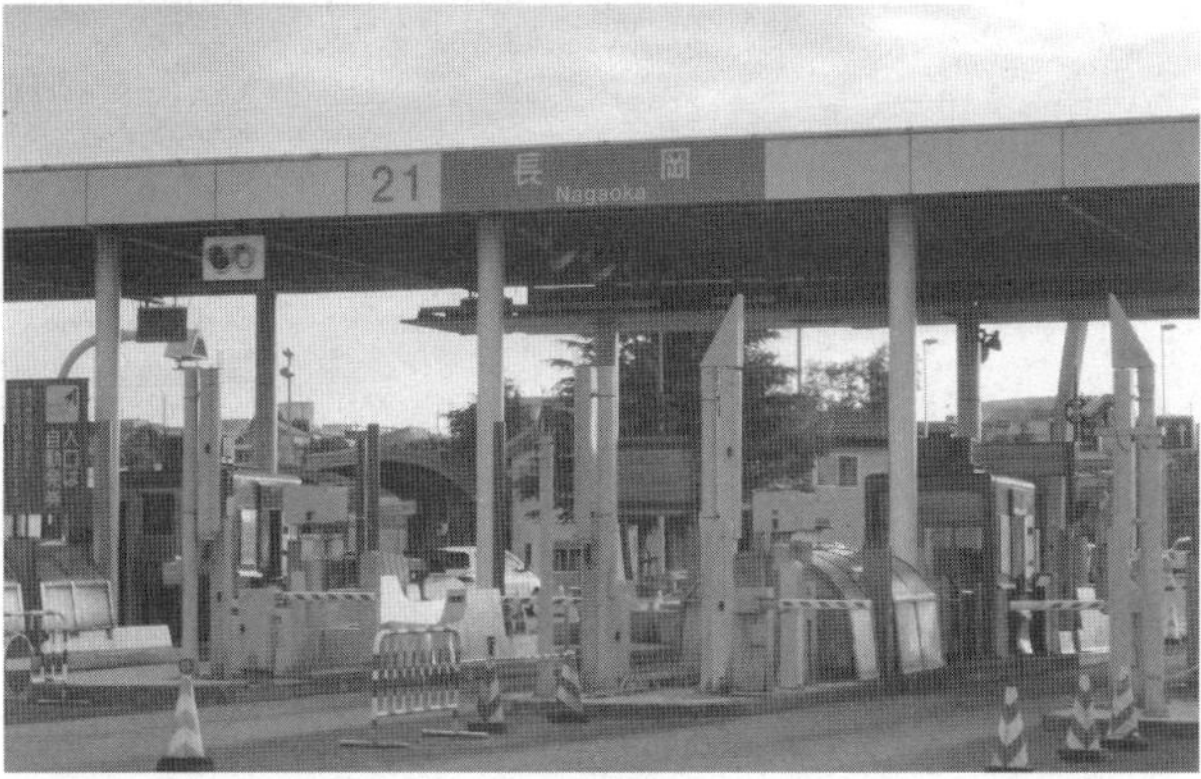

上越新幹線と共に首都圏への大動脈として機能している関越自動車道の建設には、田中角栄元首相の強い意向が働いたといわれる。この関越自動車道も含めて、新潟の高速道路網は充実している

新潟県コラム

新潟高野連の「球数制限」の是非 1

2018年12月、新潟県高野連が故障の予防や選手の出場機会を増やすなどを目的に、投球数が100球に達した投手は、それ以降の回に登板できないというルールを翌春の県大会でテスト的に導入すると表明した。新潟県高野連のこの決断に、筆者は「よくぞ言った！」と内心快哉を叫んだものだ。しかし翌年3月、春の大会を目前に新潟高野連は球数制限実施を見送ることを発表した。日本高野連に再考を促されての苦渋の方針転換だった。

選手の健康管理について、専門家や識者を交えてじっくり議論するのが大事、という日本高野連だが、そんなことをしていたら結論はおいそれと出ないだろう。何せこの問題、投手の健康管理という以前に、「球数制限を導入すれば複数の投手が必要。部員数も多い私学が有利になり、部員数が少ない一部の公立高校が不利になる」という野球部格差がいつも俎上に上る。要は、我が国の高

校球界は今もなお「勝利至上主義」から脱却できないでいるのだ。

高校野球のひのき舞台といえば甲子園である。そんな甲子園出場を夢見て小さな頃から野球を続けてきた高校球児も多い。ただ甲子園出場は悲願と同時に非常に狭き門である。それだけに勝とうと皆ガムシャラになり、とくに絶対的エースがいるチームはその存在に頼りがちになる。金足農業の吉田輝星がいい例である。しかしそんな風潮に一石を投じる出来事が2019年の夏に起きた。岩手・大船渡高のエースにして未完の大器、佐々木郎希が県予選で連投(決勝で投げなかった)しなかったのだ。それは監督の指示だったが、決勝でチームは負け、佐々木は批判の矢面に立たされた。「佐々木は地元のみんなと甲子園に行きたいと大船渡に残り、周囲もついてきた。だから佐々木は無理をしてでも投げるべきだった」という意見も多かったが、それはあまりにも一方的な見方である。佐々木は成長途上の未完成の体で投げ続けてきたという。それなら周囲も佐々木のために頑張るというのがチームスポーツの理想の姿であるはずなのだ。それに彼のような不世出の逸材が、たかが（とあえて使わせてもらう）高校生の大会の犠牲になってはならない。佐々木の本当の気持ちはわからないが、世界最高の舞台（ロッテファンには悪いが千葉マリンスタジアムではなく、メジャーのワールドシリーズのマウンド？）で最高のピッチングをして、野球ファンの大喝采を浴び続けることが、彼の使命のように筆者は思うのだ。

誰も彼も佐々木のような天賦の才はない。だから甲子園に出たいと毎日一生懸命練習をする球児を筆者は否定しない。でもだからこそ、球数制限など選手の健康を守るルールは導入してほしい。新潟高野連はその導入理由のひとつに「選手の出場機会の増加」を挙げた。せっかく運動部に入っても練習ばかりじゃ楽しくない。アマスポーツなのだからひとりでも多くゲームに出すべきで、こんなところにも筆者が新潟高野連を支持する理由がある。

第2章
新潟県とその県民の愛すべきギャップ

イメージはよくても来たらガッカリの新潟の二面性

県外者が新潟に期待するものとは？

新潟県へ旅行に行くとして、その最大の楽しみとは何か？　おそらく大部分の人は「食事」と答えるのではないだろうか。日本海の海の幸やコシヒカリ、あるいは地酒。そうした数々の名物を想像すると、行く前からすでに、心がウキウキしてしまう。それはたとえば出張だろうと同じこと。新潟出張が決まれば、仕事のことはさておき、まずは「何を食おうか」となる。

県外者にとって、新潟は「食」の欲求を満たす場所である。さらに、「のんびりと何もせずに食って飲んで寝る」が大好きな小原庄助的ぐうたら人間には、名湯とウマい酒と肴に恵まれた新潟は、大層魅力的な場所に映るはず。

だがそんな新潟も、2019年の地域ブランド調査の都道府県ランキングでは、中途半端な29位という順位だった。「食べログ」などにグルメ批評を誰でも気軽に載せられるようになった、ある意味「国民総グルメ評論家時代」に突入した感のある昨今。一般大衆の食べ物に対する興味や好奇心が格段に増しているのだから、「食」に強い新潟のブランド価値はもっと上でもおかしくない。ちょっと評価が低いんじゃないの？　という気もする。

では、新潟を住む場所として考えるとどうなのだろう？　新潟県が行った首都圏調査（調査対象は東京都、神奈川県、千葉県、埼玉県在住の20歳以上70歳以下の男女個人1252人）によれば、住んでみたいと回答した割合は5・2パーセント。47都道府県中24位と、ブランド調査と同じようにどっちつかずの中途半端な順位だった。住みたい都道府県の上位は沖縄や北海道、京都と相変わらずのラインナップだが、これは知名度の差もさることながら、地勢的な理由によるところが大きいかもしれない。とにかく本州の日本海側は、京都を除けば、いずれも支持率が極端に低いのだ。たとえば富山や福井なんて、ブランド調査で7年連続最下位の茨城より低い。首都圏での調査だから（でも北関東は外れているけど）、茨城もそこそこ健闘しているのだろうが、それにしても「裏日本」の弱さは相当だ。そんななかで新潟の24位は健闘しているほうではある（石川には若干負けているけどね）。

新潟に住みたいと答えた人の理由の1位は自然環境。住むのが目的だから環境に配慮するのは当たり前だ。そして2位には食事。やはり新潟の食べ物には安心・安全でおいしいというイメージが強いのだ。結局、出かけるにしろ、住むにしろ、新潟への「食」に対する周囲の期待はかなり大きいのである。

そんなにハードル上げなくてもねえ

しかし、だ。これだけハードルを上げられたら新潟もたまったもんではない。たとえば、各所でウマいと取り上げられた飲食店に行ってみたら、そうでもなかった経験は誰にでもあるだろう。その原因は（店の責任もあるけれども）我々の期待値の異様なまでの高さにあったりする。行く前にあまりにも期待し過ぎたもんだから、「あれっ、こんなもの？」と感じてしまうのだ。こうした

新潟県に住みたいとした首都圏民の主な理由

海や山、川などの自然環境	61.5%
安全・安心でおいしい食べ物	47.7%
温泉やスキー場などの観光資源	41.5%
人のつながり（親戚や知人の存在等）	27.7%
安全・安心でゆとりのある生活	13.8%
県民性	13.8%
歴史と文化	12.3%
治安や風紀	10.8%
地域のつながり（地域間交流、友好協定等）	10.8%

※平成23年度　首都圏調査報告書（新潟県）より　※10％以上の回答のみ。「その他」は除く

高いハードルをモノともせず、絶賛される店はホンモノだが、そういう店は少ない。

新潟もこうした例と同様、期待値をメチャクチャ高めてやってきた人間を失望させてしまっている。新潟を訪れたことのある幾人かに話を聞いたが、「日本海の海の幸を楽しみにしていたのに、旅館の食事で出てくるのはわざわざ新潟に来なくても食べられるようなものばかり。普通にウマかったけどね」（50代男性）、「もう超期待したのにすごくガッカリ」（30代女性）、「コシヒカリといわれて食べ

たけど大したことなかった」（40代男性）など、食事に期待を裏切られたという内容のコメントをする人がやけに多かった。

でも、出される食事は決してマズくはないし、普通にウマい。ただ、食に対するこだわりが弱いような気はするが……。単に日本海の海の幸や銘酒を出しておけばいいという、投げっ放しの感じを強く受けることはある。出される食事が、より鮮度が高くかつ意外で、そこに新たな驚きがなければ、人は感動しないものだ。

もちろん新潟にもそうした店や旅館は当然あるし、不満だった人は、そこに当たらなかった不運を嘆くしかない。まあ、食事なんて個人の嗜好だから、という意見もあるが、「食」で売る新潟にとっては大問題。食どころのイメージが強過ぎるのも可哀相なことだが、それを乗り越えなくては、いつまでも「来てみてガッカリ」の県のまま、やがて人も来なくなる!?

新潟に観光に来たら、「どこに行く？」というよりも、まず「何を食べる？」でしょ

長岡といえば何といっても花火大会が有名。PRもうまくいっているようで、年々人出が増えているそうだ

新潟の成り立ちから分かる本当の県民性とは？

新潟の女性は縁の下の力持ち

　新潟県は南北に長いので、地域によって人の性格に多少の違いはあるものの、一般的に新潟の県民性として指摘されているのが、「忍耐強い」「勤勉」「保守的」というもの。朴訥な感じがいかにも地味で、そこには外向的な派手さはまったく感じられない。

　よくいえば屈強な精神力を持っているともいえるが、そうした県民性は女性にも共通している。新潟女性は、勤勉で粘り強く、黙々とどんなことにも耐えて仕事をこなすとされている。看護師や旅館の女中など、辛抱強さが必要な仕事に就く新潟女性は、昔から多かったといわれている。

新潟県の県民性

男性	女性
義理堅い	社交的
正義感が強い	気さく
勤勉	忍耐強い
保守的	情にもろい
堅実	包容力がある
消極的	見栄っ張り
忍耐強い	ミーハー
安定志向が強い	屈強

※各種資料より作成

新潟県は伝統的に教育への関心が薄く、働くことを何よりも優先する地域だった。特に女子の教育にはまったくの無関心で、そうした事情によって、新潟の女性は教育も満足に受けさせてもらえず、粛々と働く「下積み」的な性格になったとする説もある。

だが、古い男性的視点で見れば、働き者で、かつ「新潟美人」といわれる新潟女性は理想的ともいえる。そのため新潟では「杉と男は育たない」という格言がある。よく働く美人妻が伴侶では、自然と男が骨抜きになってしまうのだ。なので、新潟男性は嫁を決して離さない。しかも新潟女性も、たとえどんなにバカ亭主であっても我慢強く辛抱して、決して離れようとしないという。外に女のひとりやふたり作っても、亭主を追及せずに裏で始末をつけるなんて、ちょっと怖い話もあるくらいだ（でも「かかあ天下」というわけではないんだよね）。かつて8年連続で「離婚率が最も低い県」に輝いたというのも、なんとなくうなずける。ダメンズに捕まっても離れられず、不幸になる女性がいかにも多そうだけど。

多少卑屈になっても仕方ない歴史と環境

だが、新潟女性の性格は、内向的で保守的な新潟男性よりも、いささか複雑だ。「社交的」「気さく」「見栄っ張り」といった外向的な性格も兼ね備えているからだ。確かに新潟女性は明るいし、なんとなく活力も感じる。新潟の飲み屋の大将は寡黙な人が多いが、女将は大抵気さくで、くだらない冗談をいっても、それを軽くいなしつつ、こちらの気分を害さない粋な部分を持っている。

もともと新潟は本州日本海側最大の港町があり、人口もハンパなく多く、さまざまな人種のるつぼだった。そのため女性は社交的になったともいわれている。でもそれならなぜ男のほうが内向的のままなのかが分からない。今の新潟男性を見ていても、特にシャイということもない（声がデカいので酒席などではけっこう騒がしい）。ただし、他人にあまり本音を見せない上に保守的だから、外からの刺激が「ウザい」のかもしれない。というか、単に「人見知り」だからともいえるんだけどね。

古代には魔境扱いされ、その後は特に歴史の表舞台に立たず、ようやく上杉がスポットライトを浴びたと思ったら、新潟（越後）から出てしまった。さらに明治以降、近代化の波に乗り遅れ、「裏日本」なんて揶揄される始末。そうした負の歴史によって、県民に「攻め」という気持ちよりも、あきらめから来る「守り」「保守的」「安定志向」が生まれたということはいえないか。とはいえ、一時は地主社会で大繁栄していたから、ヘンなプライドがあり、どこか過去の栄光にすがりついている感じを受けないこともない。

加えて県民性を形作る上では、風土の力も大きい。過去に新潟は、地震、洪水など数多くの災害に見舞われ、さらに山間部では毎年のように豪雪に見舞わ

勤勉でどんな仕事でも黙々とこなすのが新潟県民。保守的で上昇志向にも乏しい

れている。越後人の多くはもともと農民だったから、彼らが時に荒れ狂う自然を畏怖したことは想像に難くない。そして、それらを乗り越えて生きてきた越後人に、耐え忍ぶ性格が身に付かないわけがないのだ。まあ、もうちょっと前向きでもいいとは思うんだけどねえ。

カリスマが出現する風土の謎

新潟から生まれるカリスマは突然変異？

古くは有力戦国大名として天下の覇を競った上杉謙信、下って、太平洋戦争で連合艦隊総司令長官となった軍人・山本五十六、そして70年代、日本列島の改造を叫び「今太閤」と呼ばれた政治家・田中角栄など、新潟からはたびたびカリスマ級の人物が出現する。

前項でも述べたが、保守的で上昇志向に乏しい地味な県民性を持っているのが新潟県だ。そんな風土のなかから現れる彼らは、突然変異なのか、それとも新潟にはカリスマが生まれる土壌があったりして？　ここからは、そこのところを探っていきたいと思う。

さて、新潟最大のカリスマといえば、やはり田中角栄だろう。しかし、その即断・即決という持ち味や、陽気で気さくな人柄は、いかにも新潟県人らしくない。ただ、この「らしくない」というところが、逆に保守的で安定志向の人間が多い新潟では余計に目立ったはずである。そして、その抜群の行動力や類まれな指導力が、そうした素養を持たない多くの県民たちの憧れとなり、絶大な支持を得るに至ったのだろう。まるでドイツとヒトラーと言ったら不適切かもしれないが、地味な風土のなかで生まれた突出した個性、「突然変異」だったために、強烈な光を放ったといえなくもない。

しかし、これは新潟だからこそ、田中角栄がやけに目立ってしまったということである。だが、いくら新潟で絶大な人気を得ようとも、日本のカリスマになることは容易ではない。新潟を出発点にして天下を取った田中角栄だが、そもそも新潟という場所にこそ、田中角栄というカリスマを生み出す土壌があったと考えるほうが妥当ではないだろうか？

新潟県出身の主な著名人

人名	分野	出身地
上杉謙信	戦国大名	上越市
堀部安兵衛	赤穂四十七士	新発田市
良寛	僧侶	出雲崎町
田中角栄	政治家	柏崎市
前島密	政治家・官僚	上越市
山本五十六	軍人	長岡市
ジャイアント馬場	プロレスラー	三条市
酒井高徳	サッカー選手	三条市
林家こん平	落語家	長岡市
川合俊一	タレント	糸魚川市
和久井映見	俳優	長岡市
樋口可南子	俳優	加茂市
渡辺謙	俳優	魚沼市
三田村邦彦	俳優	新発田市
高橋克実	俳優	三条市
三波春夫	歌手	長岡市
小林幸子	歌手	新潟市
西山茉希	モデル	長岡市
坂口安吾	小説家	新潟市
山岡荘八	小説家	魚沼市
高橋留美子	漫画家	新潟市
水島新司	漫画家	新潟市
柳沢きみお	漫画家	五泉市
たかの友梨	美容研究家	湯沢町

※各種資料より作成

キーワードは義理堅さと情

ここまで新潟県民を地味な県民性だと終始述べてきたが（ごめんなさい）、実は忘れてはいけない新潟県民の素養がある。それが「義理堅さ」や「情にもろい」ところだ。

田中角栄は懇願や陳情などがあれば、とにかくなんでも引き受けた。俗にいう「金のバラマキ」も進んで行った。権謀術数渦巻く政治の世界で、権力闘争に勝利するために手段を選ばなかった田中角栄だが、義理や人情の部分を非常に大切にしていたのだ。そうした性質は、新潟という風土に育まれ、身に付けたものであろう。威圧すら感じる強面なキャラクターだが、その一方で、人一倍の義理堅さや情にもろいところを持っていたことが、田中角栄を「人たらし」といわしめ、それがまた大きな魅力となり、求心力を高める要因のひとつとなったことは間違いない。元来、アジアでカリスマや英雄と呼ばれる人間は、豊臣秀吉や劉邦などなど、「人たらし」の部分に秀でていることが多い。そして新潟民の人一倍情にもろく義理堅い県民性こそが、「人たらし」のカリスマを作り上げる、というのは言い過ぎだろうか？

たとえば、山本五十六は、部下思いで気配りの人であり、そして情にもろいところがあった。戦死した部下の遺族の元を訪れ、父親の話を聞くうちに、卒倒するほど慟哭したというエピソードもあるほどだ。さらに当時の部下は、「山本五十六に半年使えれば一体感を持つようになる」と語り、もし山本五十六が危険に晒されるようなら、進んで命を捨てて守るとまで言わしめた。山本五十六もまた、義理堅さと情に溢れた「人たらし」だったのである。

また、上杉謙信には「敵に塩を送る」という有名なエピソードがある。ライバルの武田信玄の領国・甲斐が塩が無くて困っていたときに、このことを知った謙信が塩を送ったといわれる。創作だという説もあるが、この義塩の話は上杉謙信を単なる一戦国大名から、さらに一段上の英雄成さしめた。そしてやはりここにも、義理や人情といった新潟人の要素が含まれているのである。

さらに、ジャイアント馬場を日本プロレス界のカリスマにしたのは、強さに加えてその類まれなキャラクター性だ。プロレスラーにしてコミカルという二面性。馬場は非常に面倒見が良く、子どもたちにも進んでサインをしたことで

ハワイ真珠湾作戦を立案・実行した連合艦隊司令長官の山本五十六。その事績には賛否両論あるが、部下思いで気配りの人だった

も知られる。そうした優しく義理堅い性格あったからこそ、歴史に名を残す名レスラーになったといっても過言ではない。

ところで、こうした県民性の「陽」の部分は、新潟女性の性格として取り上げられるものでもある。つまり、新潟女性的な感覚を持った新潟男性に、カリスマになれる資質あり、ということか？

ポテンシャルは高いのに斜陽化著しい観光

自然がたっぷり　見どころたくさん！

食という介在物はあるにしろ、新潟の観光ポテンシャルはけっこう高いように思う。

南北に長い新潟は、海岸線も長いから海水浴場も数多い。さらに、日本海を望む雄大な景色を眺めながら、地酒をあおりつつ露天風呂なんて贅沢だってできる。

海があるなら山もある。八海山、中ノ岳、魚沼駒ヶ岳（越後駒）は越後三山と呼ばれ、なかでも駒ヶ岳は日本百名山のひとつであり、登山者に人気がある。新潟には名峰が多く、先述の駒ヶ岳の他に、平ヶ岳、巻機山、谷川岳、雨飾山、

新潟県の主な観光名所

温泉
月岡温泉、瀬波温泉、越後湯沢温泉、岩室温泉、赤倉温泉など
景勝地
阿賀野川ライン、弥彦山、親不知、笹川流れ、尖閣湾、瓢湖など
名所・旧跡
春日山城跡、高田公園、佐渡金銀山、弥彦神社、白山神社など

※「るるぶ新潟 佐渡'13」を参照

苗場山、妙高山、火打山、高妻山も日本百名山に選ばれている。また、気軽にトレッキングが楽しめる山もあるので、誰でも山歩きを楽しめるし、秋には紅葉の絶景も満喫できるのだ。

さらに山といえばスキーだ。山間部は豪雪地帯で、湯沢や塩沢石打、妙高高原といったエリアを筆頭に、有名なスキー場が数多く存在している。

四季折々で楽しめる自然景勝地がある一方で、長野や群馬といった温泉大国の隣県だけに、こちらにもまた種類豊富でかつ、名湯と呼ばれる温泉が揃っている。

こうしてあらためて見ても、新潟に住みたいという首都圏民が、その理由として「自然環境がいいから」といったのも分かるくらい、豊かな自然に溢れている。

さらに、日本海最大の離島・佐渡もある。金銀山やトキといった名所や名物を抱え、知名度もそこそこ高いように思われる、が……。

で、新潟の名所ってどこなんでしょーか？

新潟県による観光入込客（地域に訪れた客のこと。宿泊客か日帰り客かを問わない）の統計によれば、2010年度の観光客数は約6900万人で、前年比では約600万人の減。2009年は大河ドラマ『天地人』の影響で観光客数は伸びたものの、2010年以前の10年間では、2001年の約7800万人を頂点にして、そこから微量の増減を繰り返しながら、結局7000万人前後に落ち着いてしまっている。北陸ではトップの数値なので、これを安定と見ることもできるが、観光産業にリキ入れている新潟にしちゃ、観光県として飛躍しているとは言い難い。しかも、県外からの客が一向に増えていないのも問題なのである。

新潟＝観光県という式は成り立っているか、という問いがあるとして、個人的には意外に成り立っているんじゃないかという気はする。だが、その理由を述べよ、となったとき、おそらくハテと困る。なぜなら、老若男女誰もが知っていそうな観光スポットがないのだ。観光ガイドブックの草分けである「るるぶ」のホームページによれば、新潟の人気観光スポット1位は朱鷺メッセの展望室。ここで新潟市を遠望して「ばかうけ」を買うのが人気なのか？

2位は新潟せんべい王国。う〜ん、Ｂｅｆｃｏの広告的な臭いがプンプンするが、人気観光県でもある北海道の上位は美瑛の丘や支笏湖だし、京都の上位は貴船神社や嵐山や太秦映画村だから、まんざらすべて広告的ってこともなかろう。ようするに、観光県としての良いソフトがあるのだが、それが一般に認知されていないということなのだ。大河ドラマやらトキの孵化やら、ある意味他力本願の要素がないと、もはや観光客を増やせなくなっている新潟。いつしか「そして誰も来なくなった」なんて悲惨な状況になってても驚けないぞ。

※　※　※

2019年8月に新潟県が発表した「観光入込客統計調査結果（平成30年）」

によると、2018年の新潟県の観光客数は7482万8000人。近年もっとも観光客が多かった2015年（7744万7000人）には及ばなかったものの、前年から3・2パーセントの増加。県の分析によれば、大規模なイベントの開催や、上越市にリニューアルオープンした「上越市立水族博物館うみがたり」が観光客増に寄与したという。また、野菜直売所やレストランを併設した道の駅への客の入りも上々で、こちらは前年比20パーセント以上も増加。新潟観光のツボは「食」というのが改めて証明されたかたちだ。

ただ先の上越市の水族館だが、認知度は正直ビミョーだ。東京在住の筆者は2019年の夏に上越に行くまで、「うみがたり」の存在を知らなかったが、自治体や同館はその存在や魅力をどれだけPRしているのだろうか？　知る人ぞ知る水族館から、口コミなどで超人気観光スポットになった山形県鶴岡の加茂（クラゲ）水族館の例はあるが、あちらは稀有な例。うみがたりは爆発的というより安定した人気と集客があればいいのかもしれないが、不便な場所だけに強烈な個性や魅力がなければ、負の遺産になってもおかしくない。

訛りも廃れまくり!?
若者の方言離れが深刻

新潟はもともと言葉が多様な地域

新潟の言葉は多種多様なことで知られている。ズーズー弁なんて俗称でひとくくりにされる東北弁と違って、県内の4地域（上越・中越・下越・佐渡）にほぼ順じた方言区分があり、さらに細かく地域（各市町村）ごとの方言もあったりする新潟の言葉は、非常にバラエティに富んでいるのだ。

というのも、南北に長い新潟は、方言の境界線に位置しているからだ。下越（県北部）は青森、秋田、山形と岩手の一部で話される東日本方言、中越（県中央部）と上越（県南部）は越後方言、佐渡は石川の能登や福井の一部で話される北陸方言の範疇に属している。

一般的に新潟弁といえば、新潟市を中心に使われる方言で、新潟県全体の方言は越後方言と呼ばれ、佐渡の方言は佐渡弁という。が、あまりにも神経質になりすぎると、ややこしくなって分かりづらくなるので、一応ここではすべて新潟弁で通すことにする。

新潟弁の大きな特徴は「イ」と「エ」の区別がつきづらい。あるいは語尾の「ダ行」や「ザ行」や「〜よ」がラ行に変わったり（そうだ→そうら、飲むよ（ぞ）→飲むろ）、アクセントのパターンが標準語と多少違ったりするなどがある。とはいえ、ここは「新潟弁のやさしい解説」といった頁ではないので、さらに詳しく説明はしない。

東京人にとっては、もしかしたら東北や北関東の方言よりも聞き取りやすさはあるかもしれないが、それは若者たちと会話した場合の話。高齢者の場合は、地域によって超ハードな方言を操る（いや、使う）猛者もいて、そうしたネイティブ・スピーカーが親しげに話す言葉は、「なんとなくこうかなあ？」ぐらいしか理解できないことも多々ある。「ガー、ガー」「スケ、スケ」「チャチャチャチャ」いわれても、こちらは「?・?・?・」。分かっているふりをして相槌を打つ程度しかできない。

標準語の使用がスタンダード化

だが、そんな新潟弁も昔ほどには使われていないという。特に新潟市や長岡市といった大都市圏の若者は、かなり標準語に近い言葉を話している（時々アクセントや語尾に新潟弁は出たりするけどね）。新潟弁自体が標準語と大きく違うわけではないし、公的な場所や目上、初対面の人に対しては標準語を使うことも多いので、新潟県民にとって標準語は難しい言葉ではない（高齢者でもビミョーなアクセントだが標準語をそれなりに使ったりする）。というわけで、新潟の若者たちは、標準語と新潟弁のバイリンガル化になんなく成功しているのである。

標準語がスタンダード化した原因はハッキリしている。東京が身近になったからである。新幹線ができて東京に行き来しやすくなった田舎の若者が、標準語を話すようになるのは当たり前の話だ。

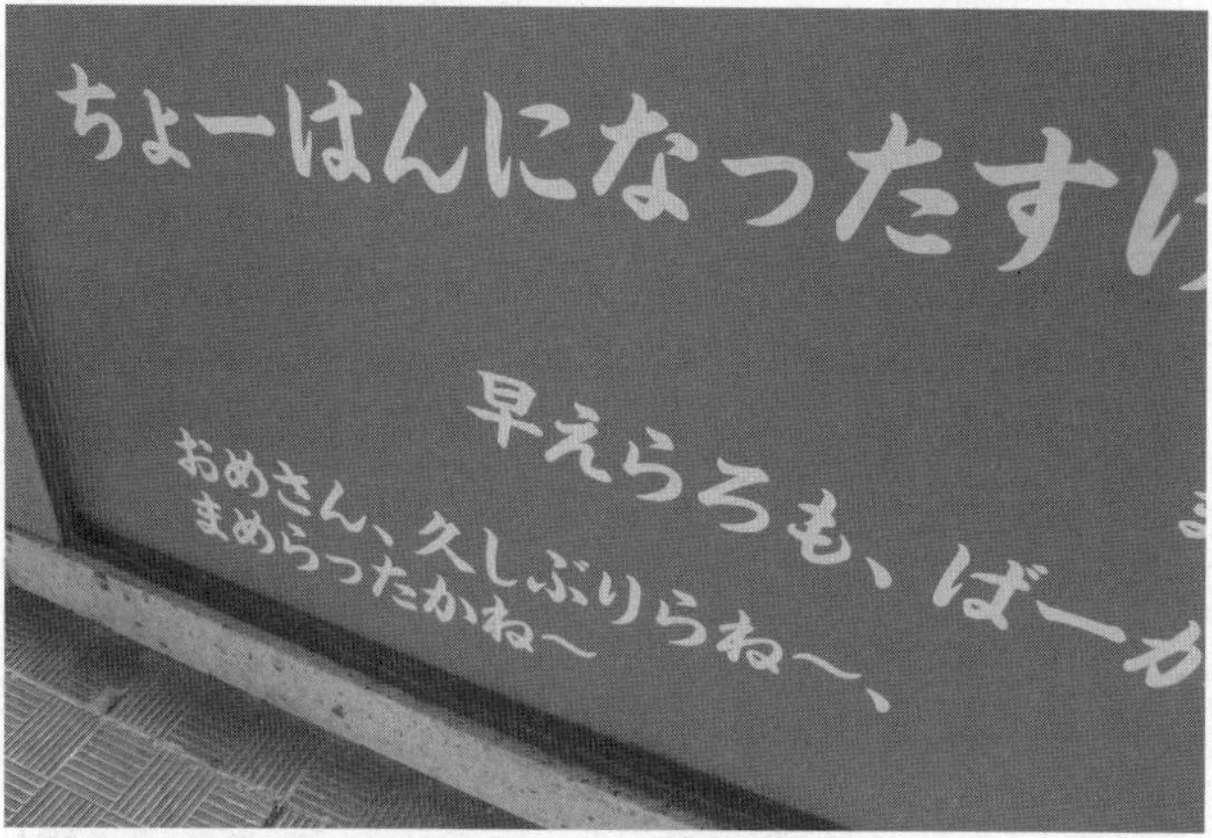

新潟弁はともかく中越辺りのハードな越後弁は慣れないと解読困難。筆者は中越の老人相手にとにかく相槌を打つしかできなかった

そんな東京にかぶれて大勢の若者が訛りを無くしている昨今だが（無くしたけど忘れちゃいない）、ヤンキーやギャルの間では新潟弁が健在だったりもする。会話やメールなどで訛りを使う彼らは、郷土文化をリスペクトした表現者なのか、あえて他人と差別化を計ろうとしている反抗者なのか、などらね？

隣県の長野と比べて寿命が短いのは医師不足のせい？

医者の絶対数は足りていないが……

隣県の長野県といえば、話題になるのが「県民の寿命の長さ」だ。やや古いデータだが、2005年の厚生労働省調べでは、長野男性の平均寿命は79・84歳で全国トップ。一方、長野女性の平均寿命は86・48歳。男性ほどではないにしろ、こちらは全国5位にランキングしている。巷では沖縄を長寿県と呼ぶ向きもあるが、あちらは女性がことさら長寿なだけで、男性はベスト10にも入っていない。というわけで、男女共に長生きの長野を、全国随一の長寿県と呼んでも差し支えないはずだ。

さて、そんな長野と何かと接点が多い新潟だが、寿命だけは上手く連動していない。新潟女性は平均寿命が86・27歳で全国8位タイだが、新潟男性は78・75歳で全国23位。短命ではないものの、長野と比較するとかなり見劣りする。どうしてお隣同士なのに、これだけ差が出るのか？

真っ先に原因として考えてしまうのが医療現場の人員不足だ。2010年度の人口10万人あたりの医師数を見ると、新潟は長野との比較で完敗。というか、新潟の177・2人という数は全国43位で、首都圏にありながら「医療過疎三羽烏」とも呼ばれる埼玉・茨城・千葉とそんなに変わらないダメっぷりだ。医師の供給元が新潟大学医学部しかないことや、都市部や大きな病院への偏在の問題はあるものの、県域が広く、少子高齢化が顕著になっている新潟の現状を考慮すれば、医師不足は真っ先に取り上げなくてはならない問題だろう。

医者いらずの体を作れるかが問題だ

だが、人の寿命に関していえば、地域に病院が整備されているかどうかというのは、あくまでもサブ的な要素かもしれない。

平均寿命の都道府県別ランキング

順位	男性(全国平均:80.77歳)		女性(全国平均:87.01歳)	
	都道府県名	平均寿命	都道府県名	平均寿命
1	滋賀県	81.78	長野県	87.67
2	長野県	81.75	岡山県	87.67
3	京都府	81.40	島根県	87.64
4	奈良県	81.36	滋賀県	87.57
5	神奈川県	81.32	福井県	87.54
6	福井県	81.27	熊本県	87.49
7	熊本県	81.22	沖縄県	87.44
8	愛知県	81.10	富山県	87.42
9	広島県	81.08	京都府	87.35
10	大分県	81.08	広島県	87.33
	新潟県(24位)	80.69	新潟県(11位)	87.32

※厚生労働省「平成27年都道府県別生命表」参照　※同数値の場合は小数点3位以下で順位付け

人口10万人あたりの医師数の都道府県別ランキング

順位	都道府県	医師数	順位	都道府県	医師数
1	京都府	334.9	7	岡山県	312.0
2	徳島県	333.8	8	長崎県	308.6
3	東京都	324.0	9	石川県	295.8
4	鳥取県	316.7	10	熊本県	294.8
5	高知県	315.7	43	新潟県	205.5
6	福岡県	313.4	全国平均		251.7

※厚生労働省「2016年度人口10万対医師・歯科医師・薬剤師調査の概況」参照

というのも、長野県は2008年の老人医療費が全国で3番目に低く、さらにいうと、2007年以前は16年連続で老人医療費が全国最少を記録した。新潟は長野よりも医師が少ないと先述したが、実はその長野も人口10万人当たりの医師数は決して多くない（205人で全国33位）。つまり、医療体制が整っているからといって、それだけで人は長生きするわけではないのは、長野を見ればよく分かるのだ。逆に「医者いらず」の健康体をどれだけ維持できるか、それこそが長生きの一番の秘訣だろう。

長野は、自らが長寿県ということを認識していて、さらにそれを今後維持・確立していくために、食生活改善推進協議会を設置したり、食育キャンペーンを実施して、日常生活の「食」という部分で、県民に注意を促している。特に高齢者には、減塩・米飯・野菜中心という、まるで病院食のような食事を勧めている。

一方の新潟。新潟にも各自治体で食生活改善促す動きはあるものの、減塩や野菜中心の食事が体にいいことは分かっていても、濃くてしょっぱい味が比較的好みの県民の味覚を考えれば、これを我慢させ続けるのは困難だ。しかも名物が地酒だけに、県民はやはり酒好きだ。酒は百薬の長というが、それも適量での話。日本酒の一升瓶や焼酎の巨大ボトルを楽々空ける県民だから、先ほどの味の好みも相まって、新潟男性がそれほど長寿じゃないのも当然。そういえば、越後の英雄の上杉謙信も、酒と塩分の過剰摂取のせいもあって、50を前に死んだんだよなぁ。

※　※　※

厚生労働省が発表した都道府県別生命表（2015年）によると、日本人の平均寿命は、男性が80・77歳、女性が87・01歳。1965年の調査では男性が67・74歳、女性が72・92歳だから隔世の感もあるが、それ以降、日本人の平均寿命は調査されるごとに伸び続けている。

本項で示した新潟県民の平均寿命（2005年）は、男性が78・75歳で全国23位、女性が86・27歳で全国9位。これが2015年になると、男性が80・69歳で全国24位、女性が87・32歳で全国11位。順位的にはさほど変わらず、男性は良くもなく悪くもなく、女性はけっこう優秀といえるが、男女とも平均寿命は1歳以上伸びた。他都道府県の伸びも同レベルなので順位は大きく上下しないが、新潟県民も健康には気を遣っていることがわかる。

さらに新潟県民に朗報なのが、男女ともに「健康寿命」が長いことだ。健康寿命とは「健康上の問題がない状態で日常生活が制限されることなく生活できる期間」で、平均寿命と健康寿命の差（日常生活に制限がある状態で生活する期間）が小さければ、健康期間が長く維持されていることになる。たとえ90歳まで生きられたとしても、晩年が寝たきりのままじゃ希望も何もあったもんじゃない。

新潟県の健康寿命は男性が72・45歳で全国10位、女性が75・44歳で全国11位。これを見ると、全国中位の平均寿命の新潟男性の健康寿命が全国上位ということは、新潟男性は晩年に比較的健康な生活をしていると考えられる（もちろん全員じゃないだろうが）。新潟県は平均寿命の男女差が激しい県のひとつだが、筆者はこの男性の健康寿命の優秀さに、長寿の妻に対してギリギリまで寄り添いたい旦那が健康に留意しているのではないかとつい勘繰ってしまう。新潟は離婚が少ない県で有名だが、寿命にも愛妻家ぶりを感じてしまうのは筆者だけだろうか？

渋滞多発！　交通マナー最悪といわれる車事情

他県の常識が通じないローカルルールの国

モータリゼーションが発達した世の中で、土地土地の車の運転マナーは県民性を測る重要な尺度のひとつだ。たとえば、群馬のシャコタンは駐車場の輪留めにバンパーが乗り上げても全然平気だが、宮城のシャコタンは震災後のデコボコ道で腹を擦りたくないから軽自動車に抜かれても50キロで走り続ける。そんなところに人間性というか県民性がにじみ出てくる気がするのだ。で、越後民はどうなのよ？

という話なんだが、「ゆっくり走ろう●●県」的な交通標語を新潟県に当てはめるなら、「マナーが悪いぞ！　新潟県」と満場一致で可決されるはず。

県内を取材中、600キロ以上を走りまわって気付いたことだけでも列挙すると、車線変更はノーウインカー、合流でもウインカーを出さない、右折車両に道を譲った車を見たのは1回、道を譲って挨拶してくれたのも1回だけ。それだけじゃない。片側2車線道路では蛇行しながら追い越して行くドライバーが当たり前のようにいる。追い越し禁止は無いに等しく、踏切が開いて2秒以内に発進しないとクラクションを鳴らす。バイパスでは10キロくらい速度超過してててもたまに煽られる。合流で譲ってもハザード点けて挨拶する文化がない。不必要なハザードは道交法違反だのとやかましい連中もいるが、厳密には違反行為じゃないし、他県ではパトカーすら道を譲るとハザードを出してくれる。おかしいのは新潟県民なのだ。ただ、その昔は飲酒運転すらにも寛容だった田舎のドライバーは、運転マナーなんて得てしてそんなもんだと思っている。それは分かるんだが、一直線の県道を60キロくらいで走行中、いきなりあぜ道から割り込み左折合流してきたトラクターには、さすがに閉口した。こんなこと、フツーの田園地帯ではあり得ない（チャリンコ感覚で乗るのはやめてくれ！）。

その昔、雑誌『ベストカー』の2010年7月26日号で、「県民性から見る運転マナーの悪い県　良い県」という企画があり、新潟県はマナーが良い県の7位にランクインしていた。記事によれば、「石橋を叩いても渡らないといわれるほど慎重なので、スピードは出さないし、結果的に譲ってくれることが多い」とか。実感と大いにズレがあるこの記事の執筆者は県民性研究の第一人者。さすがの第一人者も、ハンドルを握ると人柄すら変わってしまう新潟民のウラ県民性までは、気付けなかったと見た。

なぜこんなにもマナーが悪いのか？　考えてみると、道はいいのにそれ以上に交通量が多い、新潟の道路事情に行きあたる。国交省道路局企画課道路経済調査室がまとめた『平成22年度道路交通センサス』を紐解くと、全国のピーク時間交通量の上位10地点一般道部門で、新潟バイパスの新潟市中央区紫竹山一丁目が見事1位（９８０６台／時）を獲得！

膨大な交通量を誇る大都市圏の道路を抑えての快挙といえよう（でも喜ばしくはないか）。この他県内からは、新潟バイパスの新潟市東区竹尾四丁目も7位（７２６３台／時）にランクインしている。かくも交通量が多ければ、合流される側は譲る気がなくなるだろうし、だからウインカーを出さず盗人のよう

片側3車線のバイパス。直線区間も多く、日中は高速道路状態ですっ飛ばせる

に車線変更もする。まあ、それは分かるが、やっぱ譲ってもらったら、ハザードくらい出しましょ。

※　※　※

俗に運転マナーが悪いとされる都道府県の代表は愛知（名古屋）だろう。交通事故死亡者数は全国ワースト、名古屋走り＝運転が荒いという意味を持ち、ウインカーの不徹底、無理矢理の車線変更、信号無視などマナーの悪さは折り紙付きだ（しかし当の名古屋ドライバーはデマだと猛反発している）。一方、ＪＡＦ（日本自動車連盟）のアンケート調査によると、日本一運転マナーが悪い都道府県は香川県だそうだ。アンケートで香川県民は日本でもっとも運転マナーの悪さを自覚している県民だそうだが、自覚しているだけマシである。で、いよいよ本題の新潟県。現地を走った実感では運転マナーに「？」マークがつくが、JAFのアンケート結果では運転マナーが悪い都道府県で24位と全国中位。しかも新潟県民の多くは運転マナーが「とても良い」「良い」と自己評価している。それでも「信号機のない横断歩道で歩行者が渡ろうとしているのに一時停止しない車が多いかどうか」という質問に対し、「とても思う（多い）」と答えた人がもっとも多く、「運転中に後方から他のドライバーにあおられることはありますか？」という質問では「よくある」「時々ある」と答えた人が「ない」より多かった。2018年に新潟県警があおり運転で摘発したケースは217件で、これは一昨年の4倍にあたる。あおり運転が注目され、県警の取り締まりがキツくなったせいもあるが、暴力をふるったり、現金を要求するケースは実際に多いという。新潟県民の個性である「我慢強さ」は徐々に消滅しつつあるのだろうか。

根深い拉致問題解決に向けた県の取り組み

新潟を震撼させた数々の行方不明事件

１９７７年11月、当時、新潟市立寄居中学校の一年生だった横田めぐみさんが、部活動を終えた下校中、忽然と姿を消した。失踪した場所は、水道町にあった自宅からほど近い営所通周辺とされたが、懸命の捜索にもかかわらず、何の手がかりも見つからなかった。

その横田めぐみさん失踪事件の翌年の7月、今度は柏崎市の海岸近くで、当時中央大学の学生だった蓮池薫さんが、交際中だった奥土祐木子さんと共に失踪。続く8月には、佐渡の自宅近くの雑貨店で働く曽我ミヨシ・ひとみさん母娘が、仕事の帰りに３人組の男に襲われてそのまま行方不明に。

以上の行方不明事件は、新潟県での事例だが、1970年代~1980年代にかけて、国内では不自然な行方不明事件が頻発していた。新潟でも夜の海岸付近のひとり歩きは危険という風聞が立った。こうした行方不明事件は後に、日本当局による捜査や、亡命北朝鮮工作員の証言などによって、その多くが北朝鮮による拉致事件であることが濃厚になった。そこで日本政府は、北朝鮮に対して拉致問題を提起し続けたが、そのたびに北朝鮮側は否定し続けた。しかし、2002年の日朝首脳会談でようやく拉致を認め、当時の北朝鮮の最高指導者だった金正日が謝罪するに至ったのである。

なぜ北朝鮮は日本人を拉致したのか?

真相は定かではないが、朝鮮半島を統一しようとしてきた北朝鮮が、当時、韓国人を装って北朝鮮から韓国にスパイを送り込むのは難しかったので、そのかわりとして日本人を韓国へスパイとして送り込もうとした。あるいは北朝鮮スパイを日本人になりすませるため、日本語を教える教師が必要だった。そのため、日本人を拉致したという説がある。

拉致問題の推移

年度	事柄
1977年	9月、石川県で久米裕さんが拉致される
	10月、鳥取県で松本京子さんが拉致される
	11月、新潟県で横田めぐみさんが拉致される
1978年	6月、田中実さん、田口八重子さんが拉致される
	7月、福井県で地村保志さんと濱本富貴恵さんが拉致される
	7月、新潟県で蓮池薫さんと奥土祐木子さんが拉致される
	8月、鹿児島県で市川修一さんと増元るみ子さんが拉致される
	8月、新潟県で曽我ミヨシさん、曽我ひとみさん母娘が拉致される
	8月、富山県でアベック拉致未遂事件発生
1980年	5月、欧州で石岡亨さん、松木薫さんが拉致される
	6月、宮崎県で原敏晁さんが拉致される
1983年	7月、欧州で有本恵子さんが拉致される
1988年	大韓航空機爆破事件の実行犯・金賢姫が田口八重子（李恩恵）さんが北朝鮮工作員によって日本から拉致したことを証言
1997年	北朝鮮による拉致被害者家族連絡会が結成される
2002年	3月、よど号メンバーの妻が有本恵子さんを北朝鮮に連行したと証言
	9月、拉致問題について金正日が謝罪 拉致問題専門幹事会の第1回会合
	10月、拉致被害者5名が帰国
	12月、新潟県で拉致被害者5人の集いが開催
2004年	拉致帰国者の家族が帰国
2006年	当時の安倍内閣が拉致問題対策本部を設置
2009年	旧対策本部を廃止し、新しく拉致問題対策本部を設置
2013年	旧対策本部を廃止し、新しく拉致問題対策本部を設置
2017年	トランプ大統領が国連で拉致問題について言及

※政府拉致問題対策本部ホームページ「拉致問題の動き」など複数の資料から作成

県は拉致問題を風化させない取り組みを！

2002年の日朝首脳会談から約1カ月後、5名の拉致被害者が帰国したが、残りの安否不明の12名に関しては、8名が死亡、4名が北朝鮮に入国していないと、北朝鮮側は主張し続けている。しかし、死亡した8名のほとんどが、交通事故やガス中毒、心臓麻痺といった自然死以外の要因で死亡。北朝鮮側から遺族が納得のいく証拠が未だに示されておらず、以来ずっと、遺族による拉致被害者救出活動が活発に行われている。

新潟県内から6名（佐渡で失踪したが拉致認定されていない大澤孝司さんを含む）、そのうち3名が帰国したが、曽我ひとみさんの母のミヨシさんは、日本政府は拉致認定しているものの、北朝鮮側は拉致していないと主張。横田めぐみさんは、29歳のときに自殺したと説明があり、これらの主張は現在でも変わっていない。

拉致問題は国家間レベルの外交問題だが、新潟県でも解決に向けた取り組みを頻繁に行っている。帰国拉致被害者とその家族への自立支援と社会参加の促進。拉致問題を風化させないようイベントを行ったり、拉致被害者家族連絡会の署名運動に協力するなど広報面からの協力。さらに、国への働きかけや義援金などの活動も行っている。帰国拉致被害者の曽我ひとみさんも、ずっと被害者救出の署名活動を行っており、佐渡市内の小・中学校で講演を続けているそうだ。２０１２年８月、佐渡で開かれた芸術イベントに、拉致問題の署名活動で参加した曽我さんが記者会見に臨んだ。そこで彼女の口から述べられた、「拉致問題を風化させてはいけない。ひとりでも多くの人に語りかけていきたい」というコメントは、当事者の言葉だけにより強く我々に響いてくる。

帰国が達成されず、安否も定かではない拉致被害者家族の苦悩は計り知れない。そうしたなかで、この拉致問題は悠長に構えていられない問題だ。拉致被害者、そして残された家族たちはどんどん歳をとっていく。このまま手をこまねいていれば、将来、関係者はすべて死亡し、拉致問題自体が完全に風化してしまう恐れがある。筆者はかつて佐渡のお土産屋で働くジェンキンスさんを見て、拉致に対していろいろと考えさせられたが、そうした経験を我々ができる時間は、もうそう長くない。

北朝鮮では指導者が変わり、国内の悪化する経済状況のなか、柔軟路線への変化も見てとれる（日朝赤十字協議など）。停滞する両国の対話再開があるかもしれない。しかし、国が今後、地道に交渉を続けても、どこまで成果が上がるかは不透明だ。それでも新潟県は拉致問題をいつまでも風化させないよう、取り組みを継続させていって欲しいものである。

※　※　※

２０１４年、ストックホルムで日朝合意が成立した。これによって北朝鮮は「解決済み」としていた拉致問題の再調査を約束。解決に向けて加速するかと思われたが、読者の皆さんもご存知の通り、５年が経過した今も北朝鮮との交渉は一向に進んでいない。それどころか日朝関係は当時よりも後退。日本政府が２０１６年に独自制裁を強化すると、北朝鮮は「すでに終わった問題」だという態度を崩さずにいる。安倍首相はトランプ米大統領に協力をあおぎ、何とか拉致問題の早期解決にこぎつけたい考えだが、アメリカからしてみれば自国に対するミサイル問題が沈静化している今、関心度は低い。大手マスコミにしても、何ら進展の得られない拉致問題を報じる機会は減少している印象だ。

だが、未だ5名の出身者の安否が不明な新潟県では、解決に向けたアクションを止めておらず、県民の問題意識もかなり高い。

2018年に新潟県が行った県民アンケート調査によれば、北朝鮮拉致問題に「関心がある」と回答したのは92・2パーセントにも及んだ。その関心の高さからか、政府の取り組みについては「評価できる」が約50パーセントを超えている一方で、「どちらとも言えない」が約25パーセント、「評価できない」が約25パーセントに達している。これは県民が政府の動向に注目しているからこそ意見が割れるのだろう。

拉致問題の早期解決は新潟県民全員の悲願かもしれない。横田めぐみさんのご両親もかなり高齢になっている。先行きは不透明ではあるが、国民が高い関心を抱いていれば政府も必死に取り組むはず。だからこそ、新潟県がこれまで続けてきた衆知活動は決してムダにはならないはずだ。

新潟県コラム 2

隠れた漫画・アニメ王国の新潟

「漫画でまちおこし」という話はよく聞く。たとえば東京の葛飾区亀有なら『こち亀』のキャラクター像が、世田谷の桜新町では『サザエさん』のキャラクター像が作られ、埼玉県の久喜市では、地元の鷲宮神社が『らき☆すた』の舞台となったことで、聖地と崇めるファンが大挙して押し寄せた。作者の出身地や舞台の土地が漫画で盛り上がるというのは、話題性も十分だし、近年では地方の一都市を舞台にした漫画やアニメも多く作られ、まちおこしに一役買っている。

新潟県も多くの漫画家を輩出していて、『ドカベン』の水島新司、『うる星やつら』の高橋留美子、『DEATH NOTE』の小畑健、『頭文字D』のしげの秀一、『るろうに剣心』の和月伸宏などなど、名前を挙げればキリがない。また、特撮ファンにはおなじみ、『仮面ライダー』シリーズのキャラクターデ

ザインを手掛ける韮沢靖をはじめ、イラストレーターやアニメーターにも新潟出身者が非常に多い。というのも、一説には、冬は雪が多いから外で遊ぶことができないので、家で絵を描いていたから、ともいわれている。豪雪が意外な効果をもたらしていると考えると複雑なところはあるが、これだけ漫画・アニメ界の著名人が先輩にいて、次の世代へと確実に漫画魂が受け継がれているのは新潟をおいて他にない。

とはいえ、彼らの作品が新潟のまちおこしに役立っているのかというと、これがかなりビミョーだ。たとえば『ドカベン』のキャラクター像が並んだ新潟市の古町商店街は、それだけでは集客に繋がらず、「まちおこしに失敗した例」として取り上げられてしまったほどだ。さらにその作者・水島新司とは、県立野球場の命名権問題で一悶着あって、せっかくの名作を有効活用できなかった苦い過去がある。

それでも県内では、漫画・アニメカルチャーを盛り上げようと、プロ・アマ問わず作品を発表できる「にいがたマンガ大賞フェスティバル」、日本アニメ・マンガ専門学校のイベント「新潟国際アニメ・マンガフェスティバル」、コスプレと同人誌即売会「ガタケット」など、多くのイベントが開かれている。さらに、それらをひとつにまとめた「にいがたアニメ・マンガフェスティバル」も開催され、2011年の第1回では、2日間で2万人以上が訪れて大盛況だったという。高知や鳥取など「漫画王国」のライバルは多いが、どれだけ存在感を示すことができるか、オタクにソッポを向かれないためにも、そのセンスが問われるところだ。

第３章
影の薄い政令指定都市 新潟市の強みと憂鬱

都市ブランド力を持てない新潟市の迷走

都市に魅力が無いから人が来ませ〜ん！

広域合併で無事、政令指定都市の仲間入りを果たした新潟市だが、「都市ブランド力」という点で、他の政令指定都市に大きく後れをとっているといわれている。

都市ブランドとは、「都市が持つイメージを高めることで、都市の魅力や価値、または個別の商品価値が高まり、交流・定住人口の増加などに結びつく効果が期待できるもの」だそうだ。簡単にいえば、「都市のウリ」のことである。このウリが魅力的であればあるほど、その都市へ行きたい、住みたいという気を起こさせる。そうすると交流・定住人口が伸びる。だから街は都市ブランド力を高めたいのである。

地域ブランド調査を行っているブランド総合研究所によれば、2011年の調査において、新潟市の魅力度は、現時点で20ある政令指定都市のなかで15番目（全国順位で184位）。下はさいたま市、千葉市、川崎市、相模原市、堺市の5つ（なるほどのラインナップ！）と、どうにもイマイチな感じである。県内の都市でも佐渡市と魚沼市に魅力度で負けていて、さらに北陸では、ライバル（？）金沢の足元にも及ばない（金沢の魅力度は全国9位）。

新潟市は、北陸や甲信越地域よりも高速インフラによって首都圏との関係が密接で、隣接県とのつながりが弱い。そのため拠点都市としての交流人口が少ない。それなのに、観光面で人を呼び込めるウリも無いわけだから、市としても何かしら手を打つ必要はある。

食と野球で本当に人は呼べるのかい？

新潟市民は、次頁の表にあるように、NHKの受信契約率が高かったり、給

新潟市のいろいろな特徴

持ち家比率66%は政令指定都市中でトップ
清酒の購入数が政令指定都市中で第1位
NHK受信契約率が政令指定都市中で第1位
自治会入会率が政令指定都市中で第1位
給食費未納額割合の低さが政令指定都市中で第3位
人口10万人あたりの自殺者数が政令指定都市中でワースト3位
ホームレスの数が政令指定都市の中でもっとも少ない

※新潟市ホームページ、厚生労働省ホームページなどから作成

食費の未納が少なかったりと、非常に律儀でしっかりとしている。ただこういった市民性は賞賛すべきことではあっても、人を呼ぶウリにはならない（定住人口増にはつながる?）。

そもそも新潟市は都市ブランドを構築するため、ずっと「食」を取り上げてきた。ただしこれは、新潟市の特色というより、新潟県全体の特色でもあり、「新潟市独自」という面では、ややアピール力に欠けている。まあ「○○に行けば日本一の○○が食べられる！」というような切り札があれば話も違うんだけどね。

もちろん京都や金沢に歴史や文化で対抗しようとしたって、ハナから勝負にな

らない。だが、港町として栄えた時代の雰囲気を残す街並みや橋梁はあるので、それを利用しつつ、街全体を一大港町としてトータルコーディネートはできるだろう。無節操にハコモノを作るくらいなら、古町あたりを、古き良き港町時代の香りを残して、新しい街並みに思い切って作り替えたほうがマシ。東京っぽい街ではなく、横浜っぽい街を目指すのはアリかもね。

さて、新潟市の交流人口を増やす可能性があったプロ野球球団招致では県が失敗。誘致のカードとして、県営球場を県主導で約84億円の費用をかけて建設したが（新潟市も約17億円を負担）、結局は血税の無駄遣いに終わった。それなのにプロ野球球団招致失敗の翌年、新潟市はさらにふたつの市営球場造成を含む一大ボールパーク構想をぶち上げた。

野球人気の低迷が叫ばれるなか、「社会人や全国大会が誘致できれば多くの人が呼べる」と息巻く市側。この採算度外視の無計画な大盤振る舞いはある意味狂気。新潟市の都市ブランドの構築はまだまだ先になりそうだ。

※　※　※

2019年10月に最新版の「魅力度ランキング」が発表された。新潟県の順位は29位。前年31位から2ランクアップしたが、どうもパッとしない。さらに県都・新潟市は市区町村ランキングで100位以内に入れなかった。ちなみにお騒がせのNGT48。AKB48の姉妹グループで瀬戸内7県を拠点とするSTU48を除き、拠点の街が100位以内に入らなかったのはNGT48のみ。本家AKB48の拠点の千代田区が前年75位から圏外に落ちたのはご愛嬌だが（もう千代田区のアイドルという枠は飛び越えているしね）、NGT48の問題が新潟市のイメージに少なからず悪影響を与えたのは間違いない。まあご当地アイドルに問題はなくても、新潟市が100位以内に入れるわけではないのだが。

その新潟市の魅力はこれから上がるのか？　本項最後に取り上げた新潟市の活性化を目指すボールパーク構想は、「スポーツタウン構想」を経て、「新潟グローバルドーム計画」として継続している。これはハードオフ新潟に隣接する鳥屋野潟南部地域に、ドーム球場や商業施設、宿泊施設などを整備する計画（完成は2025年？）だが、ずっと計画はあったんだから、もっと早く進めてラグビーW杯に乗っかれたらと思うと残念でならない。新津出身で新潟工OBの稲垣選手もいたことだし、新潟市は大いにアピールできただろうに。

市内では数多くのマンションが建設中だが、都市景観までキチンと考えての建設なのか疑問は残る

バスセンターのカレーはマスコミでよく取り上げられ、人気地元グルメの仲間入り。でも新潟市の魅力を殊更上げているわけではない

まだ終わっていない古町
万代との差別化で再生を目指せ!!

歴史と伝統が枷になって停滞する古町

新潟市の繁華街といえばその代表は「古町」である。現在は商業エリアの中心が徐々に新潟駅方面に移動してきているものの、古くからの新潟市民に「新潟市の繁華街とは?」と聞くと、「古町」の名がいの一番に出てくる。

古町の歴史は新潟発展の道筋と重なる。新潟は港町から発展してきた街だ。古くから信濃川河口には「新潟三ヵ津」と呼ばれる蒲原津、沼垂湊、新潟津が形成された。このうち古代以来「国津（国府の外港）」として重視された蒲原津に替わり、中世になると上杉謙信に重視された新潟津が優位に立つ。江戸時代には新潟津は長岡藩の公港となり、天保年間に新潟は幕領化され、日本海側の主要港としてのポジションを手に入れた。この江戸時代から古町という名称は存在したようである。ちなみに新潟でもっとも古い町だから古町と呼ばれたという説もあるが、そうなると古町が江戸時代以前に作られたもっとも古い町で無ければこの説は成り立たなくなるが、どうなのだろう？

まあそれはさておき、近世において北前船の日本海側の主要港のひとつとなった新潟は、幕末の日米修好通商条約で開港場のひとつに指定され、明治になると海外との貿易も始まった。こうして国際貿易都市となった新潟には、本格的な花街（近代花街）が形成された。もっとも新潟は江戸時代の長岡藩の統治下にあった際、すでに遊郭があって遊女もいたとされ、当時の遊郭情報誌にも「にいがた、なるほどゆたかなるミなとにて、小うた、しゃみせんあり」と記されている。実際、これから幕末にさしかかろうという文政年間には遊女屋が176軒（遊女609人）もあったという。有名な江戸・吉原の遊女数がおよそ2100人（享保年間）だったから、吉原には及ばないまでも大歓楽街だったのはいうまでもない。その新潟に「新潟遊郭」が設置されたのが明治中期。これは新潟町内の花街の火災が相次いだことを受け、散らばっていた花街を本町通14番町に集めたものである。「歌舞遊女」とも呼ばれた古町・本町界隈の芸者は大層な美女と名を馳せ、遊べる男性は果報者とまでいわれたという。そうした花柳界の伝統や風景は、今も古町界隈に残っており、時折、立派な料亭風情の建物に黒塗りで乗り付けるお大尽の姿を見かけることもある。そんな古き良き時代の姿は新潟の文化遺産のひとつでもあり、現地を歩けば、風流でかつ優雅だった往時を偲ぶことができる。

ただ、歴史と伝統のある歓楽街の古町だが、万代エリアと比べ、新たな令和という時代に即した繁華街とは言い難い面もあるのも確かである。

繁栄と斜陽の両方を味わった古町界隈

地元民に話を聞くと、かつての古町を知る人ほど「もう古町はダメ、終わっている」とこぼす。

古町はその碁盤目状の町割りに、信濃川と平行した「通」と直交した「小路」が形成されている。このうち古町通りや本町通りが交差する柾谷小路は、新潟市民ならご存知の通り、「小路」の名とはうってかわった大通り。いわゆる市内のメインストリートで、百貨店や多くの商店、専門店などがひしめきあう。地方では大きな都市の周辺部に暮らす人たちが「街へ行く」という表現をよくするが、新潟市とその周辺で「街へ行く」といったら、かつては古町の柾谷小路に行くことを指した。1970年代の新潟市郊外からのバスの終点は古町で、多くの人が古町へ買い物に訪れたのである。

商業地としての古町は災害を経て発展した側面もある。柾谷小路周辺は戦後、昭和新潟大火で広範囲を焼失した。その後、1964年の新潟国体開催に向けて再建が進んだものの、国体直後に発生した新潟地震で古町も被災した。しかし復興は早く、さらに高度成長の波にも乗り、既存の小林百貨店（後の新潟三越）、万代百貨店（後の大和新潟店）の他にも、多数の大型百貨店やスーパーが進出した。この災害と復興を繰り返した1960年代中盤から1980年代前半までが古町の最盛期で、1970年代から万代シティ開発が進むにつれ、パワーバランスは徐々に万代エリアに寄り、さらにモータリゼーションの進行による商圏の郊外化（郊外への大型商業施設の出店）もあって、古町はにぎわいを失っていった。

地元民より観光客をどれだけ呼べるかがポイント

こうした地方の大都市における中心市街地衰退の構図は、全国的に見られることで、新潟市が特殊なわけではない。そして大抵、中心市街地が衰退すると行政が再生に動く。それは新潟市もまた例外ではない。

古町では2010年に老舗百貨店の大和新潟店の閉店を機に危機感が強まり、再開発推進協議会が発足した。そしてその旧大和新潟店の跡地と周辺一帯を再開発し、オフィス主体の商業複合ビルを建設することになった。2019年にはその名称が「古町ルフル」に決定。広場も含めた建物の完成は2020年の春頃になる予定だ。2019年8月に現地へその様子を見に行ったが、まだ工事は途中。新潟市役所の本庁機能の一部が移転（名称はふるまち庁舎）してくることはわかっているが、どんな商業テナントが入るのかわからない。いずれにしても、2020年3月22日に閉店予定の新潟三越に替わる地域のシンボル的商業施設になってほしいと地元では期待されている。

しかし、ＮＳＧグループの学校法人が開学を予定している「開志専門職大学」（仮称）の「アニメ・マンガ学部」と「国際観光学部」が古町ルフルに入居する予定だったが、その時期が1年ほど遅れるという。古町ルフルの建設が若者の流れを古町界隈に呼び戻そうという意図があるなら、このペンディングは痛い。しかもその間は空きテナントになるだけに、全国の空きテナントばかりの再開発（廃墟）ビルを数多く見てきた筆者にすれば、廃墟化するのでは？という不安は拭いきれない。まあ市役所も入るし、政令指定都市の目抜き通りだから、そう簡単に廃墟化することもなかろうが、入居するテナント次第では、単に無機質でつまらないお役所ビルになる危険性は十二分にある。

筆者は古町再生に必要なのは、地元民（とくに若者）よりも観光客をどれだけ呼び込めるかだと考える。地元の若者の買い物先はもう万代に任せればいいし、ネット通販が日常化している現在、当たり前のアパレルショップができたって、人を呼ぶ力にはならない。

市内で古町の思い出を聞くと、「昔はよく学校帰りに服屋や雑貨屋に寄り道した」という声が多くあった。今でもその伝統は受け継がれ、「カミフル（上古町）」では、相変わらずオシャレなセレクトショップや雑貨店を見かける。それはいい。なぜならそれらは「新潟ならでは」「古町ではないと買えない」ものなので人を呼ぶ力になるからだ。しかしそれだけでは足りない。古町の歴史的な建物は保全されているわけだから、リノベーションしたりして現代的にどんどん活用すべきだろう。また、昭和風情の横丁も大きな財産だ。地元民にはありきたりの場所かもしれないが、やりようによっては多くの観光客を呼べるコンテンツになり得る。もちろんグルメも必要。新潟駅周辺はどこにでもあるようなチェーン店や有名店ばかりであまり魅力が感じられない。老舗の飲食店も多い古町は魅力的だが、今後、個人飲食店の出店を強く促していくのはどうだろう。それは新潟の地場グルメでなくてもいい。古町に来なければ食べられないようなメニューを出してくれる新進気鋭の店が増えれば理想的である。

もう万代とは完全に差別化を図るべきだ。古町が新潟一の観光スポットとして成長すれば、駅からの距離は関係なく、人はやってくる。古町は魅力的な街なんだし、その魅力や長所を伸ばす再開発をしてほしいものだ。

老舗の新潟三越も2020年春をもってついに閉店する（予定）。前身の小林百貨店開業以来、83年もの間、新潟市民に愛された

新潟三越閉店と入れ替わるように古町に開業する古町ルフル。古町活性化の起爆剤になるかどうかは未知数で……

古くなった新潟駅と万代シティの改装工事はいつまで続くの？

新潟駅は新潟版のサグラダ・ファミリア？

「いつ終わるのかよくわからない」「いつまでやってんの？」と、地元民からこんな言葉ばかり聞かれる新潟駅の改装工事。筆者はこれまで何度となく新潟駅を訪れているが、確かにいつ来ても工事をしているなあと感じてはいた。しかもたまに来ると構内などの一部がちょっとずつリニューアルされていたりと、変わるなら変わるで一気にやればいいのに、なんとなく煮え切らない印象もあった。

地元民からの声も気になったので、工事の流れを改めて調べてみた。新潟駅工事の名称は「新潟駅付近連続立体交差事業」という。どうしてこの工事が始まったのか？　上越新幹線はホームと線路が高架で建設されたが、在来線は地上にホームと線路が敷かれていたので、駅の南北が分断され、踏切の問題で渋滞も発生していた。さらに駅舎（万代口）の老朽化が進み、それに加えて万代口・南口ともに駅前広場の使い勝手もすこぶる悪い。そこでそうした問題を一気に解消しようと再整備工事が検討されたのだ。工事の調査開始は１９９２年。南口の整備が開始されたのが２００７年で、これが第１期工事。第２期は連続立体交差化を主とする工事で、２０１８年に越後線の高架化と新幹線・一部在来線同一ホームの供用（高架ホーム１番線）が完了する。ただこれで第２期が終了というわけではなく、全面高架化が完了するのは２０２１年（あくまでも目標）。ただこれで終わりではない。第２期が終われば第３期工事として、完全高架化で撤去された万代口駅舎の改築、ペデストリアンデッキの設置、南北駅前広場の再整備、南北のバスターミナルを交通広場（駅舎東側の高架下）へと一元化する工事も進められる。それだけではなくこの間に周辺道路の拡幅や延伸工事も行われる。第３期は２０２０年代に終わらせたいというが、第２期の完了遅れを考えると、本当に目標通り終わるのかどうか……。現在の新潟駅の使い勝手の悪さをどうにかしてほしいところだが、「新潟駅版サグラダ・ファミリア」状態はまだまだ続きそうである。

でも、そんな「亀の歩み」では本当はダメなのだ。というか新潟市のためにならない。筆者はこれまで地域批評シリーズの執筆で全国を飛び回ってきた。そしていろいろな街の駅に降り立って感じたのは、玄関口になる駅とその周辺がキレイに整備されているのはとても重要だということ。人と人の出会いもファーストインプレッションは大事だが、人と街の出会いも同じ。その街を気に入るかどうか、その入口となる駅周りの景色は大切であり、その街の魅力の良し悪しに大いに関係してくると断言する。

新潟市は政令指定都市なのだから、駅舎がショボいままではいけない。駅にはレトロ感を重視する人もいるけれど、それは東京駅（丸の内口）クラスの歴史があればこそ。昭和の高度成長期にできた駅は総じて利便性は悪く、老人や身体障がい者にやさしくないし、デザインも今ひとつだ。だから新潟駅の一大リニューアルは個人的にも支持できる。後は返す返すもスピードなのだ。

新潟駅万代口の広場拡張でどうなる？

さらに新潟駅付近連続立体交差事業で、地味に注目すべきは万代口の駅前広場の再整備の件。こちらは第2期工事完了を待たず、すでに部分的整備が行われた。これはＢＲＴ（萬代橋ライン）の運行に合わせた処置で、ＢＲＴの停留所設置のために従来のタクシー乗り場が縮小され、歩道ゾーンが広くなった。何気ない変化で気づきにくいが、ロータリーへの一般車乗り入れ禁止は、地元民にすれば「ちょっと待ってよ」という感じだったろう。

今後、万代口側の広場の全体的な拡張・リニューアルは、ＪＲ東日本新潟支社のビル移転（新潟駅付近連続立体交差事業の一環）で空いた土地をフル活用して行われる。新しいバスターミナルやタクシー乗り場の造成、市民スペースも整備されるというから、雰囲気は大きく変わるだろう。

だが、新潟駅高架化の完了及び万代広場の拡張で気になるのは、2015年の運行を開始したＢＲＴの動向である。試験的に導入されたＢＲＴには市民から賛否両論出ているが、新潟駅の高架化にあたり、ＬＲＴへの事業転換の話は確実に出てくるだろう。詳しくは148頁で解説するが、将来的に新交通システム導入の議論が紛糾しそうである。

万代シティ改装はいいけどカレーは永遠なれ！

一方、新潟市内の老朽化する公共交通施設のリニューアル工事といえば、万代シティ・バスセンターも注目だろう。

万代シティといえば、そのシンボルは「レインボータワー」だった。1973年に開業した高さおよそ100メートルのこのタワーは、東日本大震災の発生により安全性が懸念され（搭乗者数も実際減っていたし）、2012年に営業を終了。その後、塔の維持だけはされていたものの、2018年末についに解体された。

そのレインボータワーの解体終了とほぼ同時期に新潟交通が発表したのが万代シティのリニューアル計画だった。新潟交通本社が入居するバスセンタービルもレインボータワーと同じく1973年の開業。しかし、老朽化と耐震工事の必要性から大規模なリニューアル工事をスタートさせた。ビルを新しくするなら周辺もまとめて、というわけで、ビル2階の万代シティパーク（広場）や隣の万代シルバーホテルの通路を公園やテラスとして整備・活用する。もちろん1階のバスターミナルも、今のやや薄暗いスペースから、照明も含めて明るく改装し、バリアフリーにも着手するという。また、先の万代シルバーホテル内の商業施設「新潟アルタ」が2019年3月に閉店したため、そのテナントとしてマクドナルドが復活した。万代シティにはもともとマクドナルドがあったが、一帯の再開発で2011年に消滅していた。一時期の不振を完全に脱出したマクドナルドの再出店は、ティーンが主力の客層の万代シティにとって願ったり叶ったりだろう。

筆者はこうした中途半端にレトロで使いづらい施設は、早々にリニューアルした方がよいというスタンスだが、気になるのは万代そばの「バスターミナルのカレー」がどうなるのかということ。実は耐震工事の関係で、2020年夏から数カ月間の休業となるそうである。しかしこれは閉店ではなく、再び同じ場所で営業を続けるという話だ。ということは、今後バス乗車場は視覚的に美しく変身するが、嗅覚的には変わらない状況が続くかもしれない。バスに乗る以前にカレーの香りに鼻腔をくすぐられる、「食い物は匂いで釣れ！」を地で行く万代そば。超優秀な空調設備導入は断固反対である。

まあ、カレーはさておき、万代シティも過渡期を迎えて勝負に出た。古町ではラフォーレが無くなり、万代ではアルタが無くなった。新潟から若者がどんどん減っているだけにこうした商業施設は今、正念場といってもいいだろう。ただ新潟駅と万代シティの今の関係、個人的にこの両者にそれぞれ大きなバスターミナルを置く意味がイマイチよくわからないのだ。距離はそこそこあるが別に歩いて行けない距離ではなく、新潟駅にバスをもっと集中させ、駅から万代シティまで若者が楽しく散策ができる動線づくりをしたほうがいいように思う。それぞれ拠点性が高いのはわかるが、エリア単独の「点」ではなく、「線」として相乗効果で盛り上げるのが理想である。もちろん萬代橋を越えた古町も含めてね。もう繁華街同士で競争している場合ではない。

万代シティのバスターミナルは絶賛リニューアル中。バス乗り場の照明は明るくなり、バリアフリー化もされるらしい

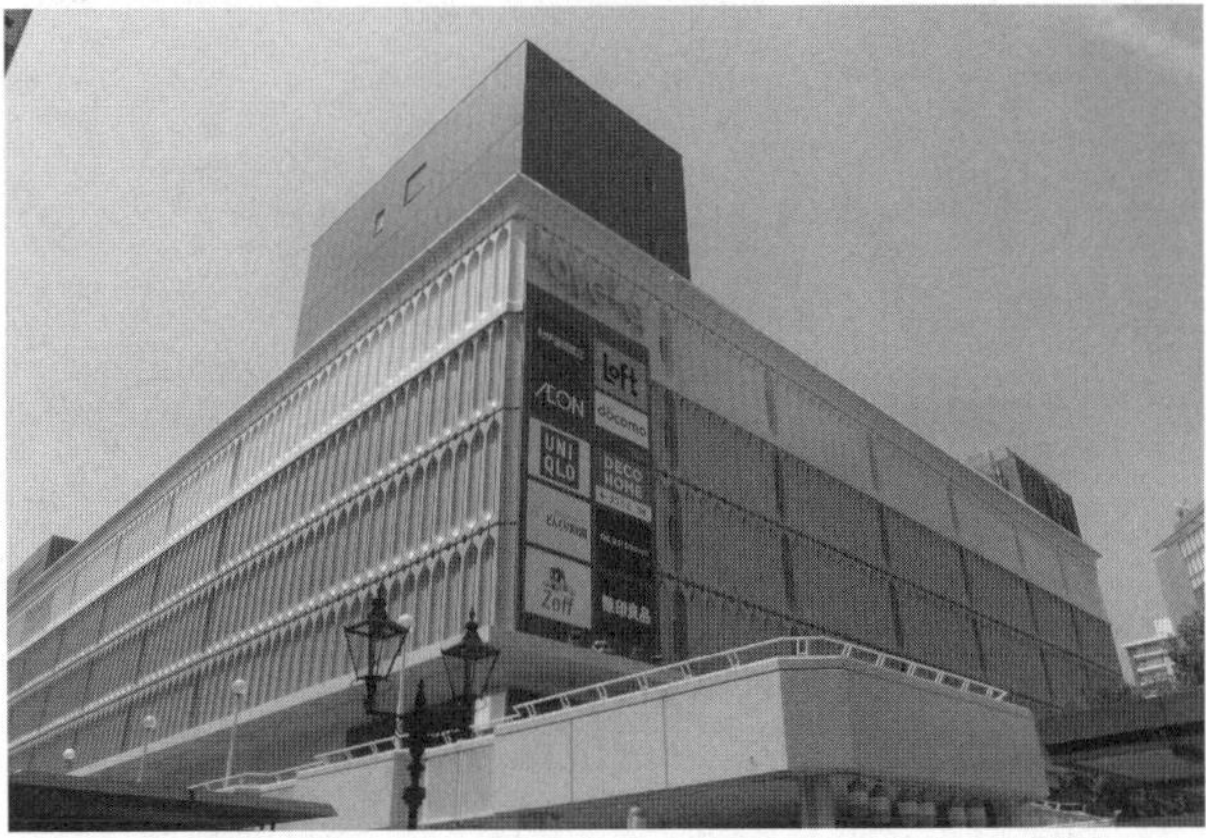

新潟交通が施設を所有し、三井グループに貸すかたちで営業しているラブラ万代。でも古い新潟市民は今もダイエーを思い出す？

ファッション&トレンドの発信基地ってホント？

素材がいいからオシャレがキマる！

筆者は、たとえばドン小西やピーコのような辛口ファッション評論家でもなく、あくまでも服飾に関してはシロートなので、もし的外れだったらゴメンナサイなんだが、新潟市の女性はオシャレである……。でもこれは表現としては正確じゃない気がするなあ。そうそう「オシャレをがんばっている女性が多い」。うん、これだ！

東京でもいつもバリバリにキメて外出する女性はいるが、それに対して、すごくラフでカジュアル志向の女性もまた多い。東京では若い女性のなかでのファッションに対する意識差が、かなりあるように感じられるのだ。けれども新潟駅に降り立って、そこから市街地を徘徊してみると、どの女の子もことごとくキメている。ファッションの流行や細かいことについては深く知らないが、「とにかく一生懸命にオシャレしました！」というのはシロート目にも明らか。そして彼女たちはみな「新潟美人」（セクハラじゃないです）。素材が良いから何でもキマる。

新潟からもっと流行を生み出せ！

新潟市は北陸きってのファッション&トレンド発信地なんて噂もあるほどだ。なぜ、新潟女性はファッションにうるさいのか？

新潟県は繊維工業が盛んだから服飾文化が発達した、ということではない。理由はいくつか考えられるが、まずは東京への憧れが過剰にあり、ファッションや流行に敏感に反応しやすいということ（どの地方でもいえることだけどね）。さらに、新潟女性には、社交性が高くて見栄っ張りな部分があって、そのためオシャレにこだわること。そして、女性の教育熱が高くない風土と相まって、早く手に職を付けようとする女性が多く（だから大学進学率が低い）、そのため元来好きな服飾や美容・デザイン系の専門学校へ入学するケースが多々見られること。実際、新潟県は都道府県のなかでも専門学校の数が多いほうで（NSGという大手専門学校グループもある）、市のホームページによれば、新潟市だけでも37校。このうち、ファッションや美容、デザイン（web含め）を扱う学校は5校（各種学校を入れればもっとあるかも）。こうした学校への入学に加えて、「東京のファッションや美容の専門学校に行く子も多いよ」（20代女性）との声も聞かれた。

彼女たちが地元や東京で技量とセンスを磨き、新たなファッションやトレンドの潮流を、新潟から発信するという流れになっているということなのか。たとえば新潟市で誕生した『美少女図鑑』。それに追随するかのように、市内では各種ファッション系のフリーペーパーが配布されている。そうした媒体は、地元でファッション・美容系の仕事を生業にしている人間のモチベーションの場であり、また地元の子がモデルになるので、地元の女性は必然的に、オシャレに気を配るようにもなる。

若干流行にこだわり過ぎて、ファッションが一律のような感じもするが、そのなかでキラリと光る個性の子も垣間見える新潟。新潟から流行を生み出す気概がもっとあれば、今度は全国屈指のファッション＆トレンドタウンになってもおかしくないと思うけどね。

※　※　※

本項で紹介したフリーペーパーの『新潟美少女図鑑』。失礼を承知で言わせてもらうと、最初に見た印象は、単なる一過性のムーブメント雑誌かと思われたが、２０１９年も「街のリアルな写真集」をコンセプトに年２回発行されているようにまだまだ現役の人気雑誌だ。衣装を提供する協賛企業（オンラインショップが人気の某店との癒着も取りざたされているらしいが）にも支えられ、すでに15年以上続いているのは、新潟女性の美容やファッションへのこだわりや関心の高さを背景にした、同誌の広告的発信力の高さがある。そんな街だからこそ、全国的な人気と知名度を持つアイドルグループが進出してきたわけだが。

さて、そんな新潟のファッション拠点といえば万代シティであろう。ここには新潟伊勢丹、ラブラ万代（ラブラ2含む）、ビルボードプレイスなどが集積。世代に合わせて店をチョイスできる、いわば全年齢型のラインナップになっていることがひとつのウリである。しかしそこは万人向け。新潟市内の服屋の面白さは古町にある。バブル華やかなりし頃、BCショップやセレクトショップが建ち並び、オシャレにうるさいティーンが集まった古町。地方のセレクトショップには経営難で残念な店も多いが、古町には老舗から知る人ぞ知るブランドショップなど、今も個性的な店が揃っている。本項で「若者のファッションが一律に見える」と書いたが、新潟はオシャレタウンとして見ると、実は奥がかなり深い街なのである。

ファッションなのだから時流や流行を追うのは当然だ。ただその中で新潟ならではの美や個性をどんどん発信していってもらいたい。その使命を担う媒体のひとつが美少女図鑑であろう。

新潟のファッションビルが多彩なのは、地元のファッション熱の高さの裏返しかもしれない

カジュアルを前面に出す主婦もいる一方、10～20代女性のオシャレに対するこだわりはすごい

新潟市内に新交通システムは本当に必要なのか？

新潟市はＢＲＴじゃなくＬＲＴを導入したかった

全国の政令指定都市の中で、地下鉄、私鉄、路面電車のような市街地エリアを縦横に走る鉄道が無いのは新潟市くらいである（私鉄は一度潰しているけどね）。

新潟市は地勢的に地下鉄を作りづらいらしい。なら新交通システムの出番ということになるわけだが、新潟市は社会実験も兼ねて、２０１５年にＢＲＴ（萬代橋ライン）を導入した。

新潟市は車社会である。それゆえ新潟バイパスを筆頭に一般道バッチリ。新潟交通独占のバス路線もまあバッチリ。なのにＢＲＴなぞ今さらいるのだろうか？　確かに新潟バイパスはピーク時は日本屈指の交通量だし、栗ノ木バイパスも渋滞は酷い。だからってBRTは必要だったのか？

かつてこのBRTを含む新交通システムの導入とその効果について、新潟市はこう説明していた。まず1つ目は「主要な拠点間の移動における定時性・速達性の向上」。つまり、渋滞などせずに時間通りにスピーディに移動できるというわけだ。2つ目は「シンボル的な交通システムによる新たな魅力創出」ときた。具体性に欠けるが、新たな乗り物を走らせれば新潟市の魅力がアップするんじゃないか、ということだろうか。以下、「バス路線再編によるフィーダーバスサービスの強化」「交通結節点におけるシームレスな乗り継ぎ環境の向上」と、説明の肝要な部分にカタカナ語が使われていたりして、意味はまあわかるのだが、なんとなく浮ついた印象を受けてしまう。市内には高齢者も多いのだから、説明はもっとわかりやすく万人に届くものにしたほうがいいと思うんですけど。

まあ何はともあれ、新交通システムは一応導入されたのだが、もともと新潟市が導入したがったのは、LRTのほうだったのだ。

単なるバス路線のひとつと化した妥協の産物

まず新交通システムであるBRTとLRTの簡単な説明をしよう。BRTはもう市内を走っているのでご存知だろうが、いわば「バスを基盤とした大量輸送システム」のことである。国内には、バス専用車線を有する輸送システムや、連節バスを用いた一般バス路線が存在しているが、新潟のそれは後者である。これは市内中心部や郊外のバス路線を再編し、新運賃システムを導入した、いわば新規のバス路線でしかない。要はLRTなぞ導入されたらたまらんとする新潟交通との妥協点を図り、導入された産物である。佐渡汽船といい、市や県とつながりのある企業の言い分（力）は強いということだ。

その新潟交通が導入に難を示したLRT。これは専用レールを走る次世代型の路面電車のことで、電動なので排ガスも出さず環境にもよろしい。しかし、導入するには専用の軌道を設置せねばならず、市としてはかなり大きな投資となる（もちろん維持費もそれなりにかかる）。ちなみに前の篠田市長時代に新潟市が考えたLRTのルートは基本的に環状線である。新潟駅を中心（起点）

として、そこから市役所、県庁、市民病院、ビッグスワン（新潟スタジアム）をぐるっとめぐる。この環状線に加えて、新潟駅と県庁、万代島をそれぞれ最短距離で結ぶ路線も構想された。

このＬＲＴに関して、現在のＢＲＴの起点となっている万代口のロータリーから萬代橋を渡って古町という路線の必要性は、古町復活が名目のひとつであろう。現時点でＢＲＴを含む古町を通るバスは十分に本数が出ているが、古町への来訪者はそれほど増えていない。まあそもそも古町が衰退したのは、駅からの距離や交通面ではなく、単に地域の魅力が薄れたからなのだが。ただ朱鷺メッセや佐渡汽船とを結ぶ路線は良さそうな気もする。万代口のタクシーには痛手だろうけど。

ＬＲＴの環状線構想は、一大ボールパーク構想のある鳥屋野潟南部がその沿線に入るというだけで、将来的に検討の余地はあるだろう。ただこのＬＲＴ、投資額が大きいため、導入へのハードルは相当に高い。

他都市の例を見てもLRT導入はハードルが高い

筆者はこのLRTに関して、富山と宇都宮の実情を取材したことがある。富山は市長のトップダウンによって比較的スムーズに計画が遂行されたが、宇都宮は紛糾した。

宇都宮市のLRT構想が持ち上がったのは1993年のことである。しかし、2003年に財政を優先した当時の県知事の判断で計画は一旦中止された。その後、2004年に宇都宮市長を務めたLRT推進派の人物が知事となり、入れ替わるように推進派の人物が宇都宮市長になってLRT計画は再燃。しかし、400億円を超える莫大な総事業費と採算性、そしてそもそも赤字財政の宇都宮がつくる必要性に疑問を持った反対派の活動もあって、計画は遅々として進まなかった。そうした中、ようやくこの事業が国土交通省に認可されたのは2016年9月。工事スタートは2018年で、開業は2022年が予定されている。構想から実現まで実に約30年もかかっているのだ。行政のトップが相当の力（ワンマン）を持っているか、あるいは地元のバス会社、市民（納税者）

の理解を地道に得ていかなければ、いくら国交省がＬＲＴ導入を支援すると言っても、一自治体がＬＲＴを導入するのは難しいのだ。

しかし車社会だから、路面電車なんぞより、車優先のインフラ整備が必要という意見もわかるが、それは交通弱者をないがしろにしている。近年は暴走老人がニュースをにぎわし、高齢者の普通免許返上の必要性が指摘されている。こうした現状、国内における公共交通の重要性は増している。そうした背景もある以上、バスはもちろん重要だが、都内のような運賃が一律ではない地方のバスは、高齢者への運賃助成はあっても、多くの人にとって負担は大きい。それなら初期投資はかかってもＬＲＴの導入は、新潟のような都市こそ積極的に検討すべきなのだ。

ＢＲＴの不評でＬＲＴはあきらめるべきなのか？

現在、新潟市のＢＲＴの評判はあまり芳しくない。筆者も現地で「あんなもの導入する必要があったのか」「どうしてあの路線？」と疑問視する声を多く聞いた。さらにBRTに伴うバス路線の変更で不便を強いられている人（西区民）も大勢いるという。古町では前より客足が遠のいたと嘆く商店主もいた。現時点でBRTの社会実験は失敗と言わざるを得ないだろう。

ただBRTのような新交通システムの成果が芳しくないからと、LRT導入に否定的になるのは本末転倒だ。せっかく新潟駅が高架化になり、南北の通りがよくなるのであれば議論する価値は大いにある。たとえ時間はかかろうとも、街の将来のことを考えたビジョンで議論するべきである。

前の新潟市長はLRT導入に踏み切りたかった。海外視察も重ねた。しかし費用面でとん挫してしまった。BRTにしろ、そもそもは専用車線をつくるという話だった。しかし反対派の議員を納得させるため、専用車線をあきらめそのかわり連結バスを導入したという。走行区間も結局は新潟交通のいいなりになった。

何にせよ、もっと市民目線を持つべきだ。設備投資にお金を出し、設置されたら実施に使うのは市民なのだから。

青山停留所のBRT（連結バスタイプ）。乗ってみたが普通のバスなので何の感動もなく新潟駅に着いた

BRT導入で便利になった話はあまり聞かない。路線外の市民の多くはただの税金の無駄遣いとしか見ていないのだ

スポーツ界の未来図はアルビにあり！

成功したアルビのブランド戦略

　今や新潟の代名詞・アルビレックスは、地域スポーツのモデルケースとして全国的に注目されている。アルビレックスブランドを冠する団体は、現在7種13チーム。Jリーグに加盟している新潟アルビレックス、地域密着型運営と企業チームのいいとこどりをした新潟アルビレックスランニングクラブ、自動車専門学校で学んだレーサーの活躍の場として設立された新潟アルビレックスRT。日本初のプロバスケットボールチームとして誕生した新潟アルビレックスBBと、BBラビッツは、それぞれ休部を余儀なくされた社会人チーム（大和証券ホットブリザーズとJALラビッツ）の受け皿となった。これでやっと半分紹介できただけ。書くのがイヤになるほど、アルビレックスグループはデカい。

このアルビレックスは、名前が共通しているだけで資本関係はない。ただ、先行して立ち上げたアルビレックス新潟で培った経営のノウハウを共有したり、ブランド管理を一元化することで、新規に発足する競技でもなるべくリスクが無いように工夫されている。また、競技間の連携も積極的に行っている。たとえば、サッカー観戦でもらうプログラムを持っていくと野球がタダで観戦できるイベントがあったり、球技会場にアルビのレーシングカーが展示されていたりする。競技の枠を超えてファンやサポーターが自然増殖する仕組みが、出来上がっているのだ。

その一方でデメリットもある。スポーツ後援に積極的な会社は限られているから、スポンサーが被りやすいのだ。ブランドをサッカーが一元管理しているため、他の競技でロゴ使用の許諾を得るために時間がかかる。だが、そうした点を割り引いても、アルビのブランド戦略は大成功といえる。

知れば知るほど商売上手ですなあ

それにしても、なんでもかんでもアルビレックスだと、酒場の与太話でアルビレックスに話題が及んでも、何の競技のことだか分からん、なんてことにならないか心配になってしまう。しかし、アルビレックスという共通の冠を持つことによって、新潟のチームであることがひと目で分かるし、ブランドイメージも作りやすく、選手個人のファンというよりチームのファンが付きやすくなる。さらに、競技の垣根を越えて（めったやたらに）応援したくなる、という効果もある。そこには、オリンピックで日本代表選手を応援するように、「新潟県民ならアルビを応援しとけ」みたいな、新潟ナショナリズムというか、郷土愛が育まれる期待感もある。それはまさに、アルビレックスが目指す「地域に根差しスポーツ文化を通じて新潟の発展に寄与する」こと、そのものじゃないだろうか。これまで日本のスポーツを支えてきたのは企業だが、これからは地元民に愛され、地元民が支える地域スポーツこそが主役となるだろう。

そんなアルビレックスブランドで、筆者が個人的に注目しているのが、アル

アルビレックス新潟の関連組織

クラブチーム	競技名
アルビレックス新潟	サッカー
アルビレックス新潟レディース	サッカー
アルビレックス新潟シンガポール	サッカー
アルビレックス新潟バルセロナ	サッカー
アルビレックス新潟プノンペン	サッカー
新潟アルビレックス・ベースボール・クラブ	野球
新潟アルビレックスBB	バスケットボール
新潟アルビレックスBBラビッツ	バスケットボール
ロングビーチ・ジャム・アルビレックス	バスケットボール
新潟アルビレックスランニングクラブ	陸上
チームアルビレックス新潟	スキー・スノーボード
アルビレックスレーシングチーム	モータースポーツ
アルビレックスチアリーダーズ	チアリーディング

※2019年10月末日現在

ビレックスと新潟をトコトン応援するアルビレックスチアリーダーズ。2001年の結成時から毎年変わっていくメンバーを眺めていると、年々グレードがアップ。直近の数年はサラリーマンが昼間に会社のパソコンで見るのもはばかられるくらい、華やかというかシットリしてるというかお水っぽい。2010年度からトップがビキニタイプのユニフォームに変わったが、「片側の脇腹と肩〜袖がない以前のレースクインタイプユニフォームが好きだなあ」という新潟オヤジの意見もある。オフィシャルサイトで販売しているグッズには水着カレンダーもあり、これがまた……あんまり具体的にいうとセクハラで訴えられそうなので、このネタを語るのは市内の居酒屋だけにしとこう。

しかしまあ、新潟県民をすべからく、しかもオヤジ心まで手玉に取るっていうんだから、アルビの商売も抜け目がないぞ。

※　※　※

2017年、アルビレックス新潟のサポーターはJ2降格に涙を隠さなかった。14年連続でJ1に残留していたチームにとって、それはあまりに衝撃的だったからだ。当然ながら翌シーズンは1年での昇格を狙っていたが、22位中16位に沈んでしまった。2019年シーズンも執筆時点で、すでに昇格プレーオフ圏内は厳しい状況になっている。

アルビレックス新潟は、県内での圧倒的な支持を武器に商売上手と知られていたが、サッカーのクラブ運営という面ではやや不満が残る。フロントは監督の選定や選手獲得でいつも後手後手なのだ。アイコン的存在で元日本代表を経験した矢野貴章もすでに35歳。2020シーズンこそ昇格を目指したいところで、こうなったら以前も狙っていたチョウ・キジェを監督に迎えるなんてウルトラCもアリかもね!?

全国でも稀有の食糧都市その実力とは

政令指定都市なのに食糧は自前で賄える

読者のみなさんは、日本の政令指定都市の食料自給率がどれくらいなのか知っているだろうか？

かつて農林水産省が2008年度に公表した資料によれば、当時19（現在は熊本市を入れて20）あった政令指定都市の大抵は、食料自給率が1〜2パーセント程度だった。そのなかで、やや高めの都市といえば、仙台市（8パーセント）、浜松市（12パーセント）、岡山市（25パーセント）ぐらい。一方、新潟市がどれぐらいだったかといえば、驚きの63パーセント！

超ダントツでトップなのだ。人口が80万人を超えていて、食糧需要だってハンパなく高いだろうに、これだけ地物で賄えているのはすごいという他はない（小学校の給食もオール新潟市内産）。越後平野の力は偉大なのだ。米を筆頭にして、豊かな恵みを市民にもたらしているのだから。

てなわけで、新潟市はこうした特徴を生かして、「田園型政令市」を目指しているようである。要は農村部と都市部をうまく調和させて、まちづくりをしようって話。今流行の「都会のそばの里山」も、こうした田園都市要素のひとつである。まあ以前から、たとえば地域の将来を見据えている郊外農家は、自然を敬い、自然との共生を念頭に置きながら生活していたりするので、何を今さらという感じだろう。ただ、都市のかたちでいえば、他の政令指定都市にはない「カラー」を生かすというのは悪いことではない。第二の人生をロハスな新潟市で、なんて都会からの団塊世代流入者だって増えるかもしれない。

米を筆頭に野菜、果物なんでもあり！

話は農業に戻るが、とにかく新潟市の農業産出額はかなりすごいことになっ

新潟市が全国屈指の食糧都市たるデータ

食料自給率が政令指定都市でダントツ1位(63%)
農業産出額が全国市町村中で3位(約655億円)
水田耕地面積が全国市町村中で1位(約28,600ha)
新潟市の主なブランド農産物
米、ナス(十全なす、やきなす)、女池菜、小松菜
ホウレンソウ、ネギ、キュウリ、スイカ(南浜すいか)
メロン、イチゴ(越後姫)、トマト(にごりがわトマト、豊栄トマト)
ナシ(新高、新興)、洋ナシ(ルレクチェ)、チューリップ

※新潟市の農業・農村の現状、JA新潟市ホームページ参照

ている。655億円というのは、政令指定都市ではもちろんトップだが、全国の市町村のなかでも、愛知県田原市、宮崎県都城市に次いで第3位につけている。周囲の農村市町村部を編入合併した効果は、農業面で如実に表れているのだ。

新潟市の主力農産物といえば、やはり米だ。新潟県といえば、魚沼などが産地として有名だが、あちらは希少米。2011年度の新潟農林水産統計年報によれば、作付面積（2万4100ヘクタール）や収穫量（13万4200トン）では、新潟市が県内トップなのだ（もちろん全国の都市のなかでもトップ）。新潟市民は主食に限れば困ることはなさそうである。

しかし、特産が米だけでは食糧都市の名が廃るというもの。というわけで、他の農産物を調べてみると、県有数の産物がワンサカある。カブ、スイカ、ソラマメ、日本・西洋ナシ、ブドウは収穫量が県内トップで、いずれも県内に占める割合が50パーセント以上。ちなみに枝豆の収穫量も当然1位だが、こちらは県内での割合が50パーセントに満たない。それでも、全国でも2位の収穫量を誇るブランド品で、新潟市民にとって地産の枝豆は自慢の逸品なのだ。

農工連携バツグンの食品製造業王国

さらに、農業生産量だけではなく、とにかく食にかかわるものについてははやたら充実している。生産性を高めるための研究に加えて、生産物の加工・製造も盛んなように、農工の連携が非常にうまくいっているのである。

米菓生産で国内トップの亀田製菓や、パックご飯と切り餅市場で国内トップの佐藤食品工業（切り餅のスリット問題などで長岡の越後製菓とずっと揉めているけどね）といった企業を筆頭に、有名食品製造企業がズラリ。新潟市の製造品出荷額に占める食料品の割合は約19パーセントもあり、食料品製造業が市の産業の主力になっている。インフラの充実もあり、食糧の「流通システム」がしっかりと整っているのもまた強みである。

流通ということでいえば、新潟市は各種インフラが整備された拠点都市だ。そのため、災害時（新潟県は天災がヒジョーに多い）には食糧基地の役割も果たす。中越・中越沖地震時の食糧支援はもとより、東日本大震災でも発生の翌日には、すでにパックご飯や粥（しかもアレルギー対応食も含めて）が運ばれた。なるほどなかなかやる。

まあ、褒めてばかりでは……なので、市民の気になることもひとつ。食べ物が溢れているせいなのか、それとも酒のせいなのか、新潟市のメタボを疑われる成人（20歳以上）は男性で約３割、女性で約１割と、全国平均をやや上回っているそうである（肥満割合は全国平均レベル）。食糧都市との因果関係はあるんでしょうか？

※　※　※

新潟市ではさらなる食料自給率アップのために学校給食に地場産の米を使用

したり、週末農業体験教室を開催したりと、たゆまぬ努力を続けている。「いくとぴあ食花」は、地産地消や食育を推進する施設でもある。

市民に対する啓蒙活動にまい進する一方で、市は最近になって新潟自慢の農産物があまり全国的に知られていないことに気づいたようである（笑）。何かとコシヒカリばかりが取り上げられ、そのほかの産品があまり注目されていない現状を憂いているのだ。新潟市が「ハマる新潟市」と自称するのも、都市名はメジャーながら印象が薄い街（知られざる街）だということを自覚しているからだろう。

たとえば新潟県の特産である南蛮エビ（甘エビ）。新潟市は南蛮エビの名産地だが、新潟市の特産というイメージはあまりない。また、市民の誇りでもある「くろさき茶豆」も、同じく新潟市産のイメージが希薄だ。枝豆に関しては、東京の代官山で「スペシャル新潟枝豆ナイト」なるものを開催したり、豊洲市場で茶豆を提供したりしてPRしているものの、果たして「くろさき茶豆＝新潟市産」は周知されているのだろうか。

新潟に米の名産地は数あれど、もっとも米が獲れるのは新潟市。だから米を使った製造業も盛ん

米だけじゃなくて野菜や果物の栽培も盛ん。県下で1 位のみならず、全国指折りの農産物がズラリ

新潟県コラム 3

新潟県民の愛する二大米菓

米どころの新潟県は、せんべいやあられなどの米菓製造も盛んだ。出荷額は全国1位、全国シェアの6割近くを占めている。そんなわけだから、新潟ではどの家庭でもお茶うけといえば米菓、ご進物も米菓である。

その新潟県が生んだ大ヒット米菓が「柿の種」だ。今では多くのメーカーが商品化しているが、その元祖は、その名も元祖浪花屋の柿の種。ネーミングもさることながら、これまで見たこともなかったインパクトのある三日月形のあられ。なんでも、あられを作っていた金型を、創業者今井與三郎氏の奥さんが踏んづけて、形がゆがんでしまったものをそのまま使用したため、あのような独特な形になったという。柿の種といえば、後にピーナッツを入れた「柿ピー」も登場するが、この誕生には、帝国ホテルのバーが、外国人客に「日本ならではのおつまみを」と、柿の種とピーナッツを一皿に盛って出したのが始まりと

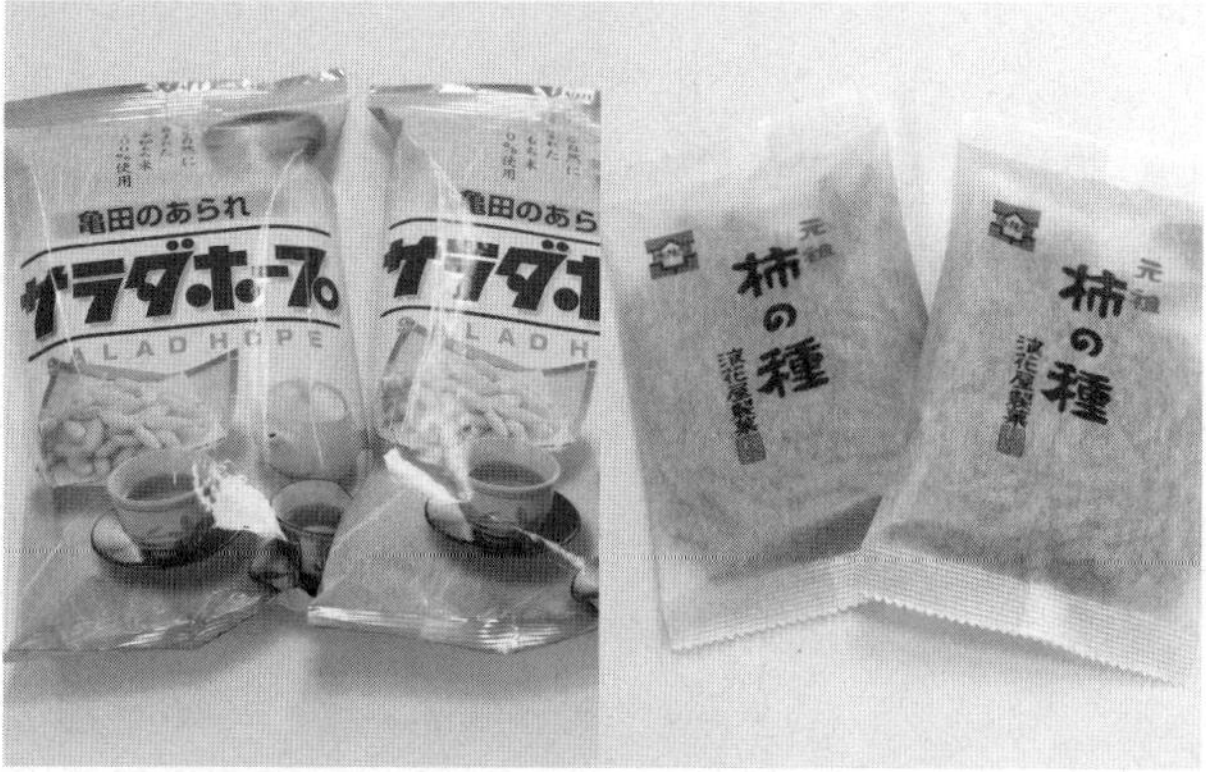

の説がある。そんなこともあり、柿の種は外国でもヘルシーなお菓子(ノンフライのため)として親しまれている。

さて、新潟の米菓業界を引っ張る企業といえば、亀田製菓である。柿ピーを筆頭に米菓界の人気商品がズラリと並ぶが、影の主力商品となっているのが「サラダホープ」だ。こちらも柿の種同様、あるいはそれ以上に、県民に親しまれている米菓といっても過言ではない。水分が無いと歯にやたらくっつくが、絶妙の塩加減がたまらないこのサラダホープ、現在では新潟県内だけの限定発売で、全国的な知名度はゼロに等しい。どうして県内限定なのかというと、かつては全国発売していたものの、生産が追い付かず、一時生産を中止。

製造ラインを整えて再度売り出したところ、すでに類似品が多く出回っており、売り上げが伸びなかったからといわれている。

とはいえ、そんな「限定」を逆手に取るのがすごいところで、某テレビ番組で「サラダホープは新潟県でしか売ってない」と紹介されると、県外からサラダホープを買い求める人が殺到。上越新幹線の車内販売では、パッケージに新幹線の写真をあしらった「上越新幹線オリジナルパック」まで発売された。もちろん中身は普通のサラダホープなのだが、新潟限定商品の、さらに新幹線限定商品となれば、なかなかの希少価値である。

新潟県人からしてみれば、身近に存在するまるで「空気」のような米菓なので、どうしてそこまで珍重するのか、よく分からないんだけどね。

第４章
くっついたり離れたり何かと騒々しい下越

村上に起きた大地震のさまざまな爪痕

震度6強の地震発生でどうなった？

「新潟地震のときのほうが揺れはすごかった気がするねえ」

村上の歴史を彩る町家が建ち並ぶ一角で、地元民に地震のことを伺ったときの言葉である。筆者が聞いた地震とは、２０１９年6月18日に発生した山形県沖を震源とする地震である。地震の規模を示すマグニチュードは6・8（推定）。震源に近い村上市では最大震度6強を観測していた。震度6強はこの地震で記録した震度で最大のものである。

いわずもがな震度6強は強烈な揺れだ。筆者は東日本大震災のとき、都内で大きな揺れに襲われ、命の危険を感じたが、それでも震度は5強だった。２０

04年の新潟県中越地震後に甚大な被害を受けた山古志の取材もしたが、その山古志で観測されたのが震度6強（最大震度は川口町の震度7）。激しい揺れでほぼ壊滅状態に陥った山古志の集落の様子をこの目で見ただけに、それと同じ震度6強を観測した村上はどうなったのか？　本書の文庫化のタイミングがちょうど重なったこともあり、その後の様子を取材するため、現地へと向かった。そこで聞いたのが冒頭の言だった。

村上を訪れた筆者は、ひとまず地震後の市内の様子を見てみよう、ということで、まずその中心部に向かった。だが幸いにして中心部はほぼ無事だった。話を聞くと、さすがに大きく揺れはしたが、発生したのが夜の10時くらいだったので人災も少なく、一部の家の瓦が落ちたくらいで、とくにひどい被害はなかったそうだ。そして冒頭の言の続きだが、新潟地震（1964年）が発生したときは本当に怖かったそうで（今のような耐震性の高い住宅ではないし）、は今も記憶に鮮明に残っているそうだ。確かにその当時の記録を調べてみても、村上は震度5強で、住宅全壊55棟、半壊140棟、一部損壊3464棟、床上浸水28棟、床下浸水45棟、軽傷者3人という大きな被害が出ている。

翻って今回の山形県沖地震については、「村上は本来地盤が強いから大丈夫。ひどかったのは山形に近いほうでしょ。山北の府屋あたり」。もちろん筆者は取材前のリサーチで、旧山北町地区の被害が大きかったことは知っていた。でも、村上の中心部で話を伺った地元民の「村上は大丈夫」という言葉には、ちょっとした違和感を覚えてしまった。ヨソ者からすれば府屋も村上だと思うのだが、地元で村上といえば旧村上市域というのは常識。長年、村上の中心部で暮らす人々にすればなおさらそうである。

プライドが高くてまとまれない村上

現在の村上市は2008年の合併で誕生した。旧村上市を中心に1市2町2村がひとつになり、県内最大の面積を誇る大(?)都市となった。何もここまで大きくする必要はなかったと思うが、岩船地域の各町村は当時、財政的に自立困難なところまで追いつめられていたし、中心の村上市も景気の悪化で歳入が減り、住民感情とは別に合併に踏み切らざるを得なかったのだ。

それでも合併までの道のりは紆余曲折だった。平成の大合併のピークは2003～2005年だが、岩船地域の合併が完了したのは2008年。合併が提案されたのが1999年だから、9年もかかっている。この間、自治体によっては合併協議から抜ける、抜けないで揉め、さらに「合併して村上市になるのは嫌だ」と協議は紛糾した。そんな状況に村上市は一度匙を投げかけたが、結局元サヤに収まり、なんとか合併を果たした。

この岩船合併で誕生した新・村上市だが、旧村上市への編入合併ではなく、一から新しい自治体をつくる新設合併というかたちをとった。つまり、村上だけが得をしないような形で公平にしたのである。そこには岩船地域各自治体のプライドの高さというか、地域のパワーバランスを村上寄りにしたくなかった2町2村の思惑が透けて見えてくる。

それでも旧村上地区が岩船地域のセンターポジションであることは、衆目の一致するところだ。なんといっても村上という街は、歴史・伝統・文化にあふれている。村上は近世になり、豊臣恩顧の堀秀治の与力大名だった村上頼勝が入封して発展した城下町である。村上氏の治世は2代しか続かなかったが、その後、江戸期の幕藩体制のなかで当地を統べたのが、本多家、松平家、榊原家、間部家、内藤家といった譜代大名たちであった。

村上といえば「鮭の町」として有名だが、これは江戸時代に内藤家の藩士である青砥武平治が鮭の回帰性を発見し、三面川に帰ってくる鮭の産卵のためのバイパス（種川）を作ったことによるものだ（世界初の鮭の人工ふ化場）。これにより、村上藩では鮭の豊漁が続くようになり、藩財政も潤った。明治になっても村上藩の旧藩士が中央政府にかけあい、鮭の漁業権を得た。そしてその収入を学校建設や子弟の奨学金など教育に費やした。この伝統は昭和の時代まで続き、村上で生まれ、奨学金を受け、外に出て出世して戻ってくる者のことを「鮭の子」と呼ぶようになったという。その代表が文部大臣や法務大臣を歴任した稲葉修である。ただし、学校や奨学金の恩恵に預かれるのは旧藩士が住む地区の子弟たちで、町民地区の子弟と線引きされていたという。というわけで、村上という街には歴史や文化を守る風土が息づく一方、格差もあり、住民のプライドも相応に高いのである。

そんな旧村上市域を筆頭に、村上市内はどの地域も高い矜持を持っている。

かつてブランド米である「岩船米」のラベルに各町村の名を入れるどうかで揉めたのも、自らの土地への高いプライドからである。

村上最大の被災地・山北の府屋の状況は？

と、大きく本題から外れてしまったが、なぜこのような話をしたかといえば、同じ村上市内でも、地震被害が軽微だった地区の人たちは被害の大きかった地区への関心が薄いというか、話していてもまるで他人事のように感じたからである。

２０１９年７月末、山北地区の玄関口である府屋駅を降り立つと、そこには被災した街の生々しい光景が広がっていた。家屋が倒壊しているわけではないが、瓦やブロックは一部倒壊していてブルーシートが張られており、それより何より、家の玄関やガラス戸には、被害状況調査による調査済証が貼られていた。そのなかでも「危険」と書かれた貼り紙を見ると、強く心が痛んだ。

駅から少し歩くと、山北総合体育館が見えてくるが、その敷地の斜面が崩れ落ちていた。同体育館では揺れで天井パネルや照明も外れたという。ここが避難所になっていたというから怖い。他にも話を聞くと、道路には巨岩も落ちてきたというし、余震の不安で生きた心地がしなかったという。

村上市内では住宅約50棟と公共施設5棟が一部損壊し、1000人以上が避難した。大きな津波が発生しなかったのは幸いだったが、被災者には少なからずトラウマのようなものが残るかもしれない。

村上市は復興のための募金集めをした。ボランティアによる支援も行われた。しかし、筆者は関東の豪雨災害の現場も見てきたが、心が折れそうになるのを防ぐのは、地元での助け合いと団結力である。

地震など災害は起こってほしくないが、こうした体験を契機に村上は市内各地域の連携を密にし、同じ村上市・村上市民として一致団結すべきではないだろうか。

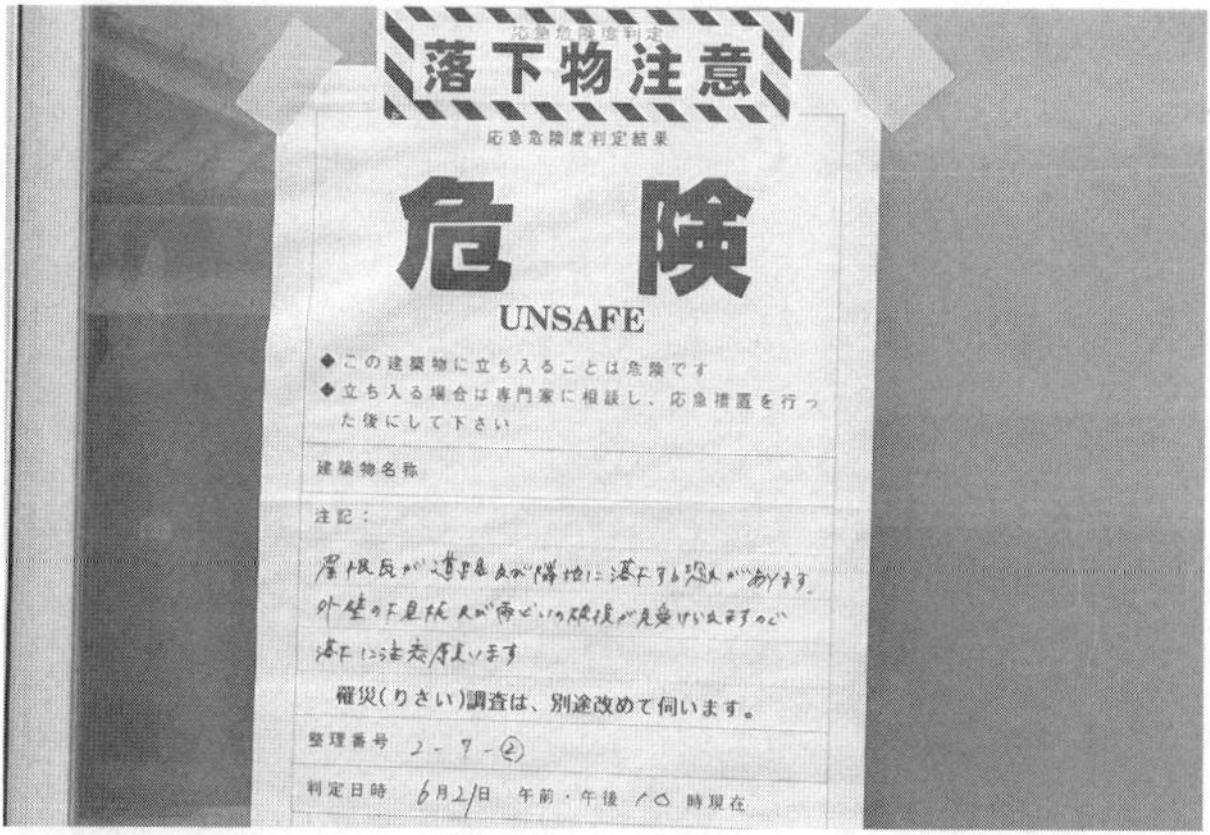

地震被害が大きかった府屋で見かけた住宅のガラス戸に貼られた調査証。「危険」の文字が緊張感を高める

山北総合体育館の斜面が地震で崩れ落ち、その土砂が袋に詰められていた。ここが避難所になったというから怖い

新発田の復権は城下町再生にアリ!?

新発田のポジションはビミョーで中途半端

新発田（しばた：ヨソ者はなかなか読めない）は白新線と羽越本線で新潟市とつながっている。新潟市の中心部の新潟駅から新発田駅まで白新線で40分前後で行けるので、普通に通勤圏だし、近しい関係のようにも思えるが、新潟市民に「新発田ってどんなとこ」と聞いても、明快な答えがあまり返ってこない。それでも大抵の人が口にするワードが「新発田城」。頻繁には来ることはないけれど、お城を見に来たことがある新潟市民はけっこう多いのだ。

こんなところに新発田という街の「ビミョーさ」がある。要は個性が中途半端なのだ。新住民中心のベッドタウン、歴史と伝統がある観光都市、旧住民が中心の生活都市、そのどれもに当てはまり、そのどれもが突出していない。だから周囲からのイメージがおぼろげなのかもしれない。

だが新発田は歴史的に面白く、個性も強い土地だ。1598年（関ヶ原の戦いの2年前）、豊臣恩顧の堀秀治が越後に入った際、その与力大名だった溝口氏が6万石の所領を得て新発田に入封。溝口氏は新発田重家の居城をもとに新発田城を築き、城下町として発展させた。溝口氏は江戸幕藩体制の下、幕末まで当地を治めたが、譜代・親藩がひしめきあっていた越後にあって外様大名であった。それでも城下は繁栄し、溝口氏は外様にして取り潰しの憂き目にもあわなかった。新発田藩は諸藩から浪人を集めて家臣団を形成したため、取り潰すと反乱が起きるとして改易できなかったという話もある。とにもかくにも新発田は溝口氏の統治の下、下越の流通の中心都市として発展し、明治以後は軍都として発展する。太平洋戦争後は再び商都として発展するが、時代が進むにつれ、中心部のにぎわいは失われ、今に至っている。

新発田の街のつくりは興味深い。地図を見るとわかるが、城を中心とする城下町の町割がそのまま活かされているのだ。溝口氏は新発田城下を政治・経済の中心として交通の便を考慮し、平城とした。新発田城は実に美しい城だが、城下もまたその景観保存に力を入れている。ただ、軍都の歴史もあるとはいえ、城郭の跡地の大部分が陸上自衛隊の新発田駐屯地になっており、特別公開時以外は三階櫓を見学できないというのは、観光の肝なだけに痛い（戦国自衛隊っぽいのも何だか残念だ）。

コンパクトシティ化はある一面では成功している

新発田城を擁し、昔の町割が残っている城下町然とした市街地。それでも観光都市になり切れていない新発田。それは新発田駅前の風景を見てもよくわかる。降り立つと一瞬、城下町を連想させる建物もあって観光地らしいなあという印象を受けるのだが、大病院があったり、図書館があったりと意外と生活感が漂い、すぐに旅のワクワク感が萎れてしまう。

というのも、新発田では中心市街地の人口が大きく減少しており、そのぶんをカバーするように人口が増えているのが、舟入町・住吉町・冨塚町・中曽根町・新栄町・東新町などの宅地造成された郊外。つまり、新発田でも地方都市の典型である郊外への空洞化が加速度的に進んでおり、既存のコンテンツでは観光による中心市街地の活性化ものぞめないので、コンパクトシティ化によってヨソから人を呼び込むのではなく、市民の流れを中心市街地に寄せようとしたのである。それが「新発田市中心市街地活性化基本計画」であり、その一環が新発田駅前の旧大倉製紙跡地への新発田病院立地や、遊休地への複合施設「イクネス新発田」の建設だった。

とくに目玉施設が2016年にオープンしたイクネス新発田である。ここは新発田市立中央図書館を核とし、こどもセンターや市民活動施設などが入る行政棟と、観光協会や商業店舗が入る民間棟の2棟から成っている。現地でその様子をうかがってみると（外から中が見える）、図書館には多くの人がおり、セミナーのような教室も開催されていて、市民に有意義な施設になっていることがわかる。敷地の駐車場には次から次へと車が入ってきたので、地元の人気のスポットになっているのだろう。

しかし地元商店街へと続く目抜き通りのほうに目を移してみると、その脇にはイクネス新発田だけでなく商店街の駐車場としても利用できる駐車場が設置されているのだが、ここはガランとしていて寂しい。結局、市民はイクネス新発田には行くけれども、そのついでに商店街に行こうとはなっていないようだ。これでは画竜点睛を欠く結果といえるだろう。

巨大商店街を再生しなけりゃもったいない！

筆者は中心街の商店街を歩いてみた。驚いたのは、とにかく商店街が長いことだった（夏場に端から端まで歩いたのでとにかく疲れた……）。要はさまざまな商店会が駅前通りに連なって長い商店街になっているのだが、これだけ距離のある商店街も珍しいのではないか。ただ、その様子は事前にリサーチしていた通り、人通りも少なく、多くの店のシャッターが閉じられ、物悲しい印象を受ける。店の軒先ではご主人が暇そうにしており、おばちゃんは井戸端会議に花を咲かせていた。

長い商店街だけに商店の数は多い。ただ、かつて多くの人でにぎわっていた時代はそれでよかったのかもしれないが、需要が少なくれば淘汰される店もそれだけ多くなってしまう。もちろん入れ替わりで店が入ればいいのだが、人通りが少なくては新たに入る店もほとんどない。

ただ、今時古臭い商店街は需要が少ない、中心市街地の人口が減っているから客も来ない、と言ってばかりで手をこまねいていると、商店街が負の遺産化するだけである。レトロな商店街好きの筆者からすれば、どこかで寂れゆく現状を止めてほしいと思う。実際、全体を壊して作り直すことは不可能なんだし、何といってもこれだけの巨大商店街を無くすのはもったいない。

地方人は地元商店街はつまらないからと郊外の商業施設に足を向けがちだが、都会で暮らす人は庶民派の専門店が連なる商店街に強い魅力を感じるもの。その点を踏まえて、なんとか再生はできないものだろうか。

ひとつの策は、街の歴史と特徴を活かした商店街のテーマパーク化かもしれない。今も新発田には新発田城を筆頭に所々に観光スポットがある。そうしたスポットをめぐる中で商店街を散策する流れにはなっている。ただあくまで商店街は「ついで」だ。しかし、新発田は江戸時代、下越随一の商都であり、流通都市だった街である。つまり「商店」は本来、この街の主役なのである。その特徴を活かし、江戸以来の地元名物が売られている店や新たな名物が売られている店、あるいは地元の産物を売る問屋や市場のような個人店が並ぶ通りをつくるのはどうだろう。夜には「夜市」なんて、食や酒が楽しめるスペースをつくるのもいいかもしれない。街中に仲間内でワイワイ飲めるスペースをつくり、成功している都市は地方にけっこうあるのだ。

要は近世以来の町割をうまく活かして、どれだけ現代的な城下町を作れるかがカギである。新発田の中心市街地の活性化はコンパクトシティ化より、いかにうまく観光地化できるかにかかっていると思うのだ。そんなことはもうやってるよ、という意見もあるかもしれないが、筆者からすれば中途半端でつまらない。

新発田には「住みよい街」というだけではなく、財産の城や商店街を最大限に活用し、「新潟市民がプチトリップで楽しめる城下町」になって、街のブランド力を上げていって欲しいものである。

かつてにぎわっていた地元商店街は衰退が激しい。魅力的な店も少ないから人通りも少ない。どうにか再生できないものか？

新発田駅前に2016年に開業したイクネス新発田。図書館は多くの人でにぎわっていて、地元の人気スポットになっているのがわかる

新発田に狙われても完全無視！我が道を行く聖籠

このままでいい！　変化を望まない住民

新潟市の先っちょにひっそりとくっつく聖籠町。全国的な知名度はほとんどないが、新潟県で聖籠といえば、刈羽村と並んで、「裕福自治体」として有名だ。町内に米や果樹の栽培など、農業に頼る慎ましやかな聖籠が変わったのは、新潟東港が建設されてからだ。加えて、東北電力の火力発電所、広大な工業団地といった安定収入源も抱え、原発を持つ刈羽村、リゾート収入が多い湯沢町と共に、地方交付税不交付団体（無借金自治体）となった。

２０１０年度の財政力指数は１・37（ちなみに県内最低は粟島浦村の０・08！）。幼稚園の保育料無料といった子育て支援、介護者手当や長寿お祝い金、

75歳以上は町内循環バスの利用が無料といった高齢者福祉など、行政サービスも充実している。そうした環境もあってか、人口流出が激しい新潟にありながら、人口が増え続けている。しかも２０１０年の住民の平均年齢は43・６歳。これは県内の自治体のなかでもっとも若い。少子高齢化とも無縁なのだ。

しかも裕福自治体というわりには、自治体自体の人件費もそれほど高くない。たとえば２０１１年度は、首長が月80万６０００円で、議員報酬が月22万２０００円（定数14）。町職員の平均給与は、２０１０年度で36万１５０５円。お隣の新発田市の人件費よりも安い。とはいえ、首長の多選もあって、何かと弊害が出ているといった意見もあり、町政に対して批判は出ている。しかし、聖籠民が今の状態で満足しているうちは、「清濁併せ飲む」感じで、変化なんて望まない。

見事にフラれた城下町の新発田

そんな町民にとって困る最大の変化とは、町長の交代よりも広域合併だ。

聖籠を狙っているのは、新潟市と新発田市だ。現聖籠町長は、前回の町長選挙で新潟市との連携をアピール。新潟市も新潟東港と工業団地の存在はひとまず置いて、同じアルビのホームタウンということでラブコールを送り続けていた。一方の新発田は、隣町かつ北蒲原郡仲間でもあり、平成の大合併以前から聖籠とは深い関わりがあった（現町長の出身校も新発農だし）。新発田・聖籠・胎内で広域的なセーフティーネットも作られ、教育現場でも、昔から新発田市内の高校は聖籠町の学区にあたり、住民同士の交流も盛ん。さらに平成の大合併以前から、議員同士の交流がずっと行われているという。そうした浅からざる縁もあって、これまで散々合併の話が取り沙汰されてきたのである。

しかし聖籠という「美女」はツレなかった。「借金がある男は願い下げ！」と、新発田を袖にしたのである。聖籠の住民からすれば、町の将来はどうなるか分からないけれども、現状をぶち壊す恐れのある新発田との合併は「NO！」というわけだ（住民投票で反対が約74パーセント）。城下町然とした新発田の市街地だが、その強烈な商業空洞化を見れば、聖籠住民が不安視するのも分からないでもない。だからといって新発田も文句はいえない。平成の大合併で胎内との合併案もあったが、さまざまな不良債権を抱える胎内に「NO」を突きつけたんだから。

さて、可哀相な新発田だが、フッたほうの聖籠も数々の問題を抱えている。「裕福というのは幻想。財政面のヤリクリは相当苦労しているんじゃないの？」とは地元の40代男性。聖●中のガラの悪さはだいぶ解消されたようだが、子どもの基礎学力の低さもずっと町の課題となっている。さらに新潟県警による2012年（7月まで）の犯罪発生率は5・2パーセント。これは新発田と並び県内の自治体では3位タイの高率。新潟東港から廃車同然の車を諸外国に運んで儲けている外国人業者も多く、そうした車の違法駐車が問題となり、さらに2004年にはアルカイダの幹部が、新潟東港周辺に潜伏していることも発覚した。何かと物騒だが、裕福な自治体でいるためには、さまざまなリスクと向き合わないといけないようである（原発がある自治体みたいにね）。

※　※　※

2019年7月、新潟県は普通交付税の配分額を発表した。交付税は国が自治体の財源不足を補うために配分するが、その交付税に頼らず財政運営できる、いわゆる「不交付団体（無借金自治体）」は、新潟県内では2018年に引き続き、聖籠町と刈羽村の2自治体だけだった。

このうち原発財源が豊かな刈羽村の財政力は県内でも突出しているが、聖籠町も財政は優秀。相変わらず子育て支援は手厚く、3〜5歳児は幼稚園（こども園）に全員入園ができ、父母の就労状況に応じて延長保育を受けられるなど利用者の評判もすこぶる良い。待機児童が深刻化している地域から見れば、まるで夢のような話である。それと財政には直接関係ないが、聖籠といえば隠れたフルーツ王国。サクランボ、ナシ、ブドウが有名だが、とくにサクランボは県内生産量の約90パーセントを誇っている。まったくもって豊かな町なのだ。

ちなみに本項の最後にも論じた聖籠の治安問題。船舶の往来が多い新潟東港に面しているため、相変わらず不安はあり、麻薬の密輸やテロ組織の関連人物が潜伏していたという事案もあったという。まあ、港湾の問題だけに普段の暮らしの中で町民が直接被害にあうことはないようだが……。

町にしては立派といえるが、不交付団体のわりには……という印象の聖籠町役場。行政は意外と堅実かもね

聖籠町にある東北電力の東新潟火力発電所。ここから町に入る交付金収入はハンパではない

沖合に天然資源が眠る胎内のビジョンは省エネ!?

天然資源はあるのに胎内財政はピンチ？

新潟は「エネルギー大国」である。現在も県内で採掘している油田・ガス田は13カ所あり（ガス田と油田は採掘場所が重複しやすい）、このうち県下最大の油ガス田とされるのが「南長岡ガス田」で、採取・生産された天然ガスは、甲信越や北関東の都市ガス事業者に供給されている。ただし、採れるとはいっても、国内消費量の割合としてはわずかでしかない。だが2012年6月、佐渡沖で大規模油田発見か!?のニュースが流れた。しかも尾ひれがついたかのように、ものすごい埋蔵量であるかのようにいわれていたので、大陸各国との緊張がさらに高まるのでは、と心配された。

現在も採掘している新潟県の主な油田・ガス田

油田・ガス田名	所在地
岩船沖油ガス田	胎内市の胎内川河口から約4km沖合
東新潟ガス田	新潟市
紫雲寺ガス田	新発田市
片貝ガス田	小千谷市
吉井ガス田	柏崎市
南長岡ガス田	長岡市

※ JAPEX ホームページなどを参照

さて、現在の県内の採掘量では中越の油ガス田に譲るが、古代から石油の産地として有名だったのは胎内市の黒川だ。飛鳥時代に石油を天皇に献上していた黒川は、川が黒くなるほど原油が湧き出していたとされ、それが地名の由来ともいわれている。黒川油田は昭和に入り、大規模な掘削が行われたが、産出量が減って衰退し、１９８０年に閉鎖された。だが、胎内では今も岩船沖の油ガス田が稼働しており、生産された原油とガスは海底パイプラインで東新潟の陸上基地に運ばれる。未だに胎内は天然資源と共に生きているのだ。

胎内は中条町と黒川村が合併して生ま

れた人口3万弱の都市。巨大合併が多い新潟にしてはかなり小型の合併パターンだが、要は中条と黒川はお互いしか合併する相手がいなかったのだ（市名の問題で破談しかけたけどね）。しかし、ダムもあり、工場もあり、全国の天体ファンに人気の「胎内星まつり」もあり、油田もあるので、財政面でさぞや健闘しているかと思えば、２０１０年の実質公債費比率（公債費による財政負担の程度）は18・4パーセント。合併時の２００５年が危険水域（25パーセント）ギリギリの23・1パーセントだったので、ずいぶん改善されているが、よろしくはない。

省エネをスローガンに燃えまくっている

その胎内を取材中に、筆者が気になったことがあった。ガソリンの値段だ。取材した当時、どこもかしこもレギュラー価格が1リットル１４０円を超えていたのだ。さっそくこうしたガソリン価格に詳しい都内の知り合いに連絡を入れると、「こっちでは今安いところで１３０円ぐらいかな」という答えが返ってきた。よくよく調べてみたら、胎内でもセルフで130円台のところがあったが、それでも相場としては高過ぎる。「ここは離島かっ！」の言葉を残し、後に新潟市内で給油したことはどうでもいいが、当然ながら地元で石油が採れるからってガソリンが安いわけじゃない。でも、分かっちゃいるけど、なんとなく産地価格があるように思うじゃないの。

ガソリン価格が高いことと直接関係はないだろうが、胎内行政はエネルギー問題に敏感だ。「省エネ」というスローガンを抱え、二酸化炭素の排出量を減らし、自然と生きる「自然共生型アメニティ都市」を目指している。加えて新エネルギーの創生も考えている。福島第一原発事故以来、国内で節電の風潮が高まり、企業用・一般家庭用の電気料金の値上がりが進んでいるなかで、2006年にはすでに「風力・太陽光・温泉などのエネルギーの利用」をうたい、環境問題の解決を図ろうとした。たまたまかもしれないが、先見の明があるってもんだ。

市はハイブリッド車や天然ガス自動車といった車両の使用を促進。ガソリン価格を考えれば納得なのだが、たとえば市内にプリウスが目立つわけでもなく、

「軽が多いっすよ」とは地元の30代男性。どこの田舎も傾向は同じだ。市民のなかには、車社会だからガソリンに多少金がかかるのは仕方ないとの考えは強い。ならば、その他の光熱費を節約しようと考えればいい。

省エネルギービジョンを策定した胎内は環境問題にも超熱心。とにかく「エコ」なのだ。2012年には「胎内市地球温暖化防止実行計画」が策定されて、省エネの他にも、リサイクル、自転車・徒歩通勤まで奨励・推進している。もちろん市民に対する太陽光発電の助成も行っている。

2012年4月、市内の公園の張り替えた芝(茨城産)から、通常値を超える放射性セシウムが検出された。しかし、公園に芝を使うのは自然との共生の一環ではなかったか?

こうした障害があっても、今後どこまで「自然派」で突っ走ることができるのか、小さな地方都市の根性が今、試されているのだ。

※　　※　　※

新潟県は、現在も日本全体の天然ガスの約70パーセントを生産している。どうやら水溶性天然ガス、構造性天然ガス、石油の3つの資源が採取できる貴重な場らしい。専門的なことはともかくとして、エネルギー資源に乏しい日本において新潟県のプライオリティは高い。さらに、2015年には新潟県の南桑山油田に新しい油層も発見され、まだまだ新潟には発掘できるエネルギーが眠っているらしい。さて、胎内市の岩船油ガス田だが、1990年の生産開始からすでに30年近くが経過。当初の計画では2004年には生産終了の予定だったが、その後も生産を続けられていた。さらに現在では「Target2025」なるスローガンを掲げ、より持続的な価値向上を目指しているらしい。2004年からは天然ガスの生産量も年々増加し、近年は微減だが、安定した供給が続けられている。

胎内市の省エネ政策も相変わらずで、省エネ改修工事を行った住宅については翌年度分の固定資産税を3分の1まで減額するという新制度も実施。エネルギーとともに生きる胎内市は今なお健在である。

どうしても三条と一緒にされる燕のイライラ度

些細なことにもこだわるんです

ニワトリが先か卵が先か、なんて議論があるが、燕と三条では、燕が先か三条が先かそれが大問題なのである。

上越新幹線の駅名とインターチェンジの名称をめぐって、当地では（地元民は大真面目だが）不毛な論争が繰り広げられた。現在の燕三条駅は、燕市と三条市の境界線をまたいだ場所にある。ここに駅ができる際、当時の国鉄は、駅名に両市の名前を使うことを決定した。となれば、駅名が「燕三条」か「三条燕」のどちらかになるため、市名の位置の後先で両市は揉めに揉めた。結局、当事者同士の議論ではどうにも収拾がつかず、登場したのが角栄センセイ。大岡裁

燕市と三条市のもろもろ対比

	燕市	三条市
人口	79,325人	97,350人
15歳未満割合	12.4%	12.1%
65歳以上割合	28.5%	29.8%
名産	金属製洋食器	金物・包丁
ラーメン	背油濃厚醤油	カレー
合併町村	吉田町、分水町	栄町、下田村

※燕市、三条市ホームページなど複数の資料より作成
※人口は2019年9月末現在。年齢別割合は2015年の国税調査による

きじゃないけれど、駅名を燕三条とし、駅長室を三条市の所在とすること、そしてほぼ同時期に開通する関越道のインターチェンジ名を、燕市にあるにもかかわらず「三条燕ＩＣ」にすることで、両市の顔を立てたのだ。

三条もんとは歩み寄れんっ！

燕民と三条民の仲の悪さは県内でも有名だ。当地域はよく燕三条とひとくくりにされるが、そもそも行政区も選挙区も違う。燕は下越で三条は中越。衆議院の選挙区も、燕は新潟２区で三条は新潟４区。洋食器や金物といった特産品を燕三条地域の地場産業として、ひとつになって盛り上げていこうとする地元商工

会の思惑はあっても、両市民の胸の内には、消えないシコリがあるのも事実。なので、燕三条の名称がひとり歩きしていて、県外者に「燕三条市」だと思われてるのが余計に腹立たしい。

さて、当項がスポットを当てるのは燕民だ。三条民にもいろいろ言い分はあるだろうが、燕民の三条に対するイライラは相当に根深い。燕はもともと職人の町である（今でもすごい技術を持った職人が大勢いる！）。対する三条は商人の町。気質自体が根本的に違う。まるで江戸っ子のように宵越しの金を持たない燕の職人気質と、利にさとく儲けにうるさい三条の商人気質は水と油。それに江戸の昔、燕の和釘は三条商人を通さないと売っちゃいけない取り決めになっていたこともあって、燕職人の恨みは江戸の頃から骨髄に沁みまくっているのである。

そんな三条民を燕民は「三条もん」と呼び、三条民は三条民で「燕もん」と呼ぶ（かすかな侮蔑を含ませて）。この両市の合併案もあったが、燕もんからは「三条もんとなんてやってられるか！」の大合唱。三条もんからは「だから燕もんはダメだ」の声。この言い合いを見て分かると思うが、燕さえ折れれば

燕と三条、どっちが先でもいいと思うが地元じゃ大きな問題。燕三条地場産業振興センターも両市に跨って建っているのがすごい

……という三条の商人的な建設的感覚は見てとれる。しかし、燕もんは頑固で直情的で融通が利かない。これを見た三条もんが「燕もんはバカだから」と、再び火に油を注いだりするのだ。

三条と比べて何もない燕（だから燕もんは三条の歓楽街で遊ぶ）。小さな家が密集するサマは、まさしく職人の巣窟だ。どんなに町が寂れていても、三条と一緒になるくらいならと、廃れるがままを選ぶ燕もん。「ボロは着てても心は錦」というけれど、もうちょっと……というのは余計なお世話？

新潟県コラム 4

地味に主張する孤高の粟島

本州の周りに北海道、四国、九州、沖縄を描けば日本列島の出来上がりで、そこに佐渡島や淡路島、対馬、北方領土があれば上出来だろう。離島ファンならいざ知らず、点のように日本海に浮かぶ粟島は、当然ながら描かれることはない。

その存在感は、同じ日本海に浮かぶ島でも、トキや金山のある佐渡とは比べものにはならず、県外の人の知名度は圧倒的に低い。知らない人が圧倒的である。とはいえ、周囲わずか23キロの小さな島ながら、夏には大勢の海水浴客でにぎわい、渡り島が多く飛来することから、バードウォッチングを楽しむ人も多く訪れる。また、名物の漁師料理である「わっぱ煮」や、鯛やサザエ・アワビなどの海の幸も豊富で、真竹から作られる真竹炭製品はお土産としても人気がある。

一方、粟島では人口が年々減少しているし、島には病院（診療所はある）がなく、病状によってはヘリで本土まで行かなくてはならない。信号も、島には子どもたちが本土に行ったときに困らないようにするために、2007年に小・中学校の前に設置された1機があるのみ。警察も消防もなく、商店だってごくわずか。「自然が豊かでのんびりした島」というと聞こえはいいが、やはりそこは地方の小さな一離島、不便なところも目立つ。平成の大合併の際には、粟島浦村が所属する岩船郡と村上市とで合併話も浮上したが、結局は破談となり、粟島は日本海に浮かぶガラパゴスのように孤立してしまったのだ。

そんな粟島だが、2012年5月にちょっ

生が誕生したのだ。島の名物の鯛と、島民が親しい人を「○○坊」と呼ぶことから命名された「タイボー」というこのキャラクター、全身ピンク、頭が魚で体が人間の姿をした「半魚人」という出で立ち（血液型はエビ型だそうである）。すでに「ボクはタイボー」というイメージソングまで作られ、島のイベントや観光案内で活躍している。とはいっても、今はゆるキャラも飽和状態で、トキをモチーフにしたもの、笹団子をモチーフにしたもの、栃尾の油揚げと上杉謙信を合体させたものなど、新潟県だけでも40体以上もいる。そうした先輩キャラに比べると、粟島＝鯛というイメージも薄く、粟島の未来をタイボーに託すのはちょっと頼りなさげに見えるが、インパクトは十分。でもタイボーに来られたら……幼児は泣くだろうね（ナマハゲかっ！）。

第5章
廃れゆく中越と立ち上がる中越

新潟県の第二極・長岡の巨大再開発は不安ばかり!?

長岡のプライドは花火大会にしかない!?

新潟第二の都市にして、中越の中核都市であり、新潟市のライバル(対抗軸)。そんな長岡市の立ち位置は、中越では揺るぎないトップだが、長岡市民が思っているほど新潟県内で確たるポジションを築けているわけではない、というのが正直なところである。

渋滞する大手大橋を渡ってまで上越民が行きたくなるスポットもなく、ましてや下越民は日常生活のほとんどを新潟市に依存すればいい。他地域は長岡に基本無関心である。何せ長岡は周囲の自治体と合併して巨大化したが、いまだに長岡に海ができたことを知らない新潟民は意外といる。海産物で有名な寺泊は今は長岡市の一地区だが、寺泊に遊びに行っても長岡に行ったとはまず聞かない。単に寺泊がどこにあるのか知ったこっちゃないのだろうが、長岡への興味なんてそんなものなのである（平成の大合併が新潟県民に浸透していないからともいえるけどね）。そんなわけで、長岡の拠り所はもはや花火大会以外ないといってもいい。

わざわざ観に行く価値あり、といわれ、そのスケールに圧倒される、感動して涙を流す人もいるという長岡まつり大花火大会。その歴史は、戦時中に市街地が空襲を受けた長岡の復興祭が前身。街の復興や犠牲になった市民への慰霊、鎮魂を祈念しており、今も空襲が始まった時刻に尺玉が打ち上がる。そんな平和を祈願した花火大会はいつしか長岡の夏を彩る最大のイベントとなり、２０１９年は過去最多の観覧客数（２日間で計１０８万人）を記録した。休前日に重なり、知名度がアップしたことが要因と見られるが、長岡市民の中には「もともと鎮魂のための花火なのだから、こんな大きな大会になっても……」という人はいる。「大勢人が見に来るのはいいけど、多少なりとも鎮魂の気持ちを持って見て欲しい」という人もいた。さらに現地で話を聞くと、運営側の課題を指摘する人もけっこういた。2019年に問題になったのは、花火大会のチケットの整理券を安全上の配慮から配布前日に突然配ってしまったこと、インターネット中継を撤退したこと、駐車場の件（高額かつ予約制だったことなど）と多々あるが、人がこれだけ来ているのにその誘導が下手という声も聞いた。大勢の観覧客がストレスと疲労で困憊となったという話だが、加えて長年中心市街地の活性化が問題になっているというのに駅への誘導に躍起になり、これだけの人が来たにもかかわらず、市街地にあまり人が繰り出さなかったため、あまりお金が落ちなかったそうである。

長岡市は長岡駅前をどうにかしようとしか考えないのか？

まあ花火大会の日は別として、長岡の中心市街地のダメっぷりは夜になればわかる。筆者が現地を訪れたある平日の夜19時。駅前の歩道を歩く人はまばらだった。昼間の駅前は2012年に開業した市役所本庁舎などが入る複合交流施設「アオーレ長岡」があるため、人通りはあるものの、夜は一気に寂しくなる。その光景は通り自体広いからまるでゴーストタウンのようで、チェーン系の飲み屋などはオープンしていても、そうした憩いの場に客がいたりいなかったり。客の出足が鈍いのか、やる気もないのだろうか。

長岡駅前がもっともにぎわったのは、大型店が乱立した80年代のこと。ところが90年代に入ると、郊外に大型ショッピングセンターが続々開業し、人通りが壊滅した駅前から大型店は相次いで撤退・閉店した。集客で肝要なのは無料駐車場と魅力あるテナントだが、郊外の大型ショッピングセンターにはそのどちらもあり、地代の高い駅前にはそのどちらもなかった。さらにそこに追い討ちをかけたのが厳しくなった路上駐車の取り締まり。大手通に車を停めて買い物や食事に行くのは、わざわざ地雷を踏みに行くようなものだった。

こうした状況を見かねて長岡市は市民に必要な機能を中心市街地に再集積し、人の流れを呼び戻すため、駅前再開発を進めてきた。要はコンパクトシティ化だが、その代表的開発が先の「アオーレ長岡」である。アオーレ長岡の総事業費はおよそ120億円。高い費用対効果はあったというのだが、実際こうした施設が投資以上の効果を上げたという話はあまり聞いたことがない。

市の顔である長岡駅前を閑散とさせておくのは問題がある。だとしても、合併して市域が巨大化したのであれば、置いてけぼりを食らう辺境にも相当の手当てをしないといけないと思うのだが、どうも長岡市が長岡駅前に集中投資をするのは伝統になっているようだ。

米百俵の精神を具現化する施設ができるそうだが……

長岡市では現在「大手通坂之上町地区市街地再開発事業」が進められている。これは北越銀行本店、商工会議所、旧大和長岡店跡地のおよそ1・7ヘクタールの土地に、4街区からなる「米百俵プレイス（仮称）」なる施設を建設する計画だ。そこにはそれぞれ商業施設とマンションの複合施設、北越銀行や商工会議所などが入る公共公益施設、地元大学のイノベーション拠点やカフェが併設された図書館、小・中学生をターゲットにした学びと交流施設「子どもラボ」、さらに商業施設を備えた立体駐車場（300台程度）が整備される予定。施行者はUR都市機構で総事業費はおよそ260億円（長岡市の負担は約67億円）。

完成は2025年を予定しているという。事業費は当初予定より膨らんだが、マンション供給で投資効果を高めるそうだ。

こうした大型の再開発はトップダウンによるゴーサインが出ないとなかなか前に進まない。ただ、本当に必要な施設ならつくるべきだと思うし、それでもそこには繊細かつ大胆な判断力や戦略が伴わなければならない。判断が英断だったかどうかは後でわかるものだが、愚断だったにならないようリスクを極力減らすべきなのだ。

長岡市が建設を進めている「米百俵プレイス（仮称）」のような施設は、公共性が高く、市民の賛同を得やすい類のものだ。しかし大義名分は「中心市街地の活性化」である。市民が行きたくなるような魅力的な施設をつくり、大型マンションで市街地人口を増やすのが目的である。ただ中心市街地における「暮らしやすさ」「住み心地」はアップするとしても、地元に大きなにぎわいをもたらすかは疑問だ。

長岡駅前で営業していたイトーヨーカドー丸大長岡店は、2019年2月に閉店した。取材時（2019年8月）に見たその姿はまるで廃墟だった。場所

長岡の市街地から撤退した大型商業施設

施設名	撤退年度
長崎屋長岡駅前店	1995年
ダックシティ長岡店	1997年
ザ・プライス丸大	2000年
ダイエー長岡店	2005年
丸専デパート	2007年
大和	2010年

※長岡市中心市街地活性化基本計画などを参照

は長岡駅前の一等地なので、地元企業など5社の買い取りとなり、新たな商業施設として開発するそうだが、どうなっていくのか動きは見えない。スーパーを再オープンすれば地元民はうれしいだろうが、郊外のショッピングセンターに対抗し得る魅力的な施設はなかなか作れるものではない。上越新幹線沿線では高崎が駅前に若者に訴求力の高いファッションビルを誘致して成功した例もあるが、実際問題、長岡は企業にとって魅力的な商圏なのだろうか？

パチンコ屋にならないことを祈るばかりだ。

「米百俵プレイス（仮称）」ができる大手通坂之上町地区。2025年の完成予定だが、本当に中心市街地は活性化するのだろうか？

長岡駅前の旧イトーヨーカドー丸大長岡店の建物。これからここに何ができるのか、パチンコ屋じゃなければいいけどね

アオーレ長岡は市街地活性化に大きく寄与したというが、本当に効果はあったのだろうか。昼間の人通りは多いけど……

現在の辛抱が将来利益となるという米百俵の精神は、長岡人の誇りともいえる理念だが、将来的に長岡は飛躍できるのか？

中越地震被害の象徴地区山古志の今

復興に必要なのは強力なリーダーだ！

筆者の手に一通の手紙がある。「ご縁あって山古志・木篭（こごも）の『水没家屋を見守るつどい』に入会してくださった方に、入会のお礼を申し上げ、はじめてのお便りをさしあげます。」という文面で始まるこの手紙。差出人は【水没家屋を見守るつどい】代表の松井治二さん。本書取材中、長岡駅前で教えられて向かったのが木篭であり、そこで話を伺ったのが木篭区長の松井さんだった。

中越地震で甚大な被害を受けた山古志だが、なかでも木篭をはじめとする芋川沿いの集落は壊滅的な被害を受けた。山が切り崩され川底の下に地盤が潜り込み川が隆起した結果、40メートルも高いところにあった小学校より川が高くなってしまった。「崖を歩く方がよっぽど歩きやすかった」という状況を目の当たりにすれば、きっと誰もが落ち込むはず。ところが松井さんは、地元が被災したにもかかわらず長岡でじっと避難していることに耐えきれず、避難した翌日には山のなかを歩いて木篭まで戻ってきた。消防・警察は人命第一で入村を規制したが、村に入りさえすればすぐにでも復旧ができるのに、指をくわえて見ていることは耐えがたいことだった。村に戻った松井さんが最初にしたことは、山に入って木を切り道を造り、中山峠まで闘牛を引いて出ることだった。闘牛は山古志の大切な文化。後に松井さんは、闘牛再開を巡る行政の後ろ向きな意見を、「できない時にやろうとするのが村の将来のためじゃないか！」とはね付け、再開に踏み切った。地震ごときで地元の象徴を絶やすわけにはいかない、との思いが感じられる。

中越地震で土砂ダムに沈んだ木篭は、新たに造成した宅地に人が戻ってきている。その一方で新設された木篭橋からは、芋川の土砂ダムに埋もれたままの家々や車が見える。震災の傷跡と復興の象徴として残すべき、と考えた松井さ

震災から復興までの山古志の経過

年度	事柄
2004年	10月、新潟県中越地震発生。集落の多くが河道閉塞の自然ダムに沈む
	12月、長岡市の仮設住宅に集落ごと入居
2005年	3月、山古志村復興計画が立てられる
	4月、山古志村が長岡市と合併
	9月、山古志6集落の再生計画作りが始まる
2006年	4月、県道と木籠造成地の工事が始まる
	6月、集落再生実施計画作り
2007年	4月、木籠集落の避難指示が解除される
	7月、住宅建設が始まる
	8月、牛の角突きが再開する
	12月、14世帯が山古志に帰村する
2008年	2月、集落復興プランがまとまる
	4月、復興デザイン策定始まる
	11月、地域復興交流会議に参加
2009年	10月、「復興の碑」の除幕式
2010年	5月、山古志木籠ふるさと会設立総会が行われる
2013年	やまこし復興交流館がオープン
2018年	やまこし復興交流館が再オープン

※山古志木籠ふるさと会作成の「被災から復興までの経過」、やまこし復興交流館ホームページ参照

んが、住民はもちろん取り壊しを画策する行政を説き伏せ実現した異例の措置だ。この「オブジェ」のことを聞きつけた人たちが全国から訪れている。そのなかには東日本大震災の被災者もいた。木篭橋から生々しい震災のツメ跡を眺めた人たちが、その足で訪れるのが木篭橋の近くの郷見庵だ。直売所と震災復興資料館、さらにコミュニティーセンターを兼ねたこの建物は、震災から6年となる2010年10月23日に竣工式を迎えた。

式典で挨拶に立ったひとりに、元山古志村長で、合併後、衆議院議員になった故・長島忠美氏がいる。地元復興のために尽力した功労者であることは間違いない。ただ気になったことがある。郷見庵の建設に公費は一銭も入っていない、というのだ。「お金をかけて作ったものはお金を生まない」と断言する松井さんだから、行政に郷見庵建設の働きかけをしなかったのだろう。でも、震災きっかけで中央政界に打って出た元村長さえ、後世のためにこの場所を保護しようとする人たちを全面バックアップできない、というのは悲しい現実だ。〝帰ろう、山古志へ〟はなんだったのか？　砂防ダム建設など事情があることは分かるが、どうにかならんものか。

地震を機に若者の村離れは加速した。木篭の人口は半分に減った。そんな状況でも松井さんは元気だ。「若者は街に出て働けばいい。村に残って復興に尽力するのは現役引退した年寄りの役目」。山古志は激烈な高齢化地域だが、年寄りばかりでも松井さんのように元気なら、滅びゆく寒村にはなるまい。

※　※　※

２０１２年、『これでいいのか新潟県』の取材で、中越地震で大きな被害を受けた旧山古志村を訪れた。村内でもっとも被害の大きかったのが木篭地区と聞き、実際この目で見た水没家屋の様子には強い衝撃を受けた。そして取材中に出会ったのが木篭の区長で「水没家屋を見守るつどい」代表の松井治二さんだった。

そのとき松井さんは、筆者に地震発生時やその後のさまざまな話しを聞かせてくれ、そして地震から約８年が経った今、これからの山古志がどうしていけばいいのかを熱く語ってくれた。それは本編にも書いたが、松井さんの言葉には故郷・山古志に対する熱い思いがひしひしと感じられた。松井さんは中越地震で大きな被害を受けた故郷の復興のために村伝統の闘牛（牛の角突き）を復活させた。強い意志と男気、やさしさをあわせ持った人である。角突きのことを話してくれたあの時の笑顔は今でも忘れない。その元気だった松井さんは2015年8月にこの世を去った――。

2019年は山古志にとって大切な年である。同年10月23日で中越地震の発生からちょうど15年。村では追悼式があり、発生時刻の午後5時56分に犠牲者の名前を刻んだ希望の鐘をつき、黙祷した。

2020年の秋、中越地震発生から16年目を目途に、復興を支え続けた中越大震災復興基金は解散となる見通しだ。それでも中越地震の記憶は未来に語り継いでいかなければならない。残された者たちの教訓として、被災して亡くなった人々の記憶、復興のために奔走した人々の懸命の努力そして、故郷山古志を忘れないために。

2012年当時、中越地震からおよそ8年が経っていたが、村内には水没した家屋がそのままの状態で保存されていた

閉鎖論叫ばれる柏崎刈羽原発周辺住民の本音

あってもなくても困るメンドーなヤツ

原発立地は潤っている、という認識は日本国民の共通認識だ。市町村の規模にもよりけりだが、原発のある町は地方交付税不交付団体、つまり財政的に自立している自治体が多い。『平成23年度不交付団体の状況』（総務省）によると、全国の市町村のうち地方交付税不交付団体は58。うち8つの自治体が原発のある町だ。全国の原発は17カ所だから、決して多いとはいえないが、全国171 9市町村に占める不交付団体の割合と比較すれば異常に高い。ただ、「原発＝電力会社も自治体も儲かる」という常識が、どこにでもあてはまるわけじゃない〝まやかし〟だったことに、がっかりもさせられる。たとえば島根原発を抱える松江市は、歳入の実に26・1パーセントを地方交付税に頼っている。原発という打ち出の小槌がありながら、「まったくもってどういうこっちゃ！」なのである。そして柏崎刈羽原発のお膝元・柏崎市もまた、2010年度の決算で13・6パーセント（金額にして77億5000万円！）を地方交付税に頼らざるを得なかった。くどいようだけど、「まったくもって……」なのである。

だからといって、原発に無くなられちゃ困るのも事実。柏崎が作成している『もう一つの決算書』の2010年度決算をベースにすると、5億7300万円の使用済核燃料税が入ってこなくなるのは間違いないし、原発の固定資産税も見込めなくなる。市の固定資産税収入はざっと90億円。原発からの割合はよく分からないが、原子炉設置から20年間は毎年評価額が下がり、その後は毎年同額になることや、『原子力発電所に関する固定資産税収入と電源立地促進対策交付金』（全国原子力発電所所在市町村協議会）にまとめられているグラフを参考に計算すると、市の固定資産税収入の1割くらいは原発から落ちてきているはず。その他にも、協力企業は地元に山ほどあるし、点検ともなれば数千人規模の作業員が押し寄せ、宿泊施設や飲食店にはドッとお金が落ちる。そういった経済的恩恵が無くなってしまうかと思うと、やっぱり「脱原発！」とか「反原発！」なんて、簡単にはいえないのだ。

経済的な側面だけ見ても、「原発があるから潤っている」とか「原発が無くなれば町も無くなる」いう地元民のいい分は、正しくもあり、間違いでもある。ひとつの見方で片づけられない問題だから原発はややこしい。それに安全面という物差しが加わると、中越沖地震での変圧器火災や使用済み核燃料プールからの汚染水漏れなど、見過ごせない問題が鎌首をもたげる。中越沖地震では、原因となった断層が原発直下まで伸びている可能性を気象庁が指摘していた。

これに対して経済産業省は「可能性は否定できない」としつつも、「原発直下に断層があってはいけないわけじゃない！」と開き直っていた。東電が自主調査に乗り出すようだけど、分かっていたのにいまさらなぜ？という気もする。その一方で市民レベルでは、再稼働の是非を問う住民投票のための条例制定に向けた署名活動、という動きがあった。署名期限3週間前の時点で必要な人数の4割未満と、絶望的な状況から一転、なんとか直接請求に必要な4万人分の署名は集まったようだ。でも、一筋縄じゃいかないこうした動きを見ていると、万が一の時に県民がひとつにまとまる図がまるで想像できないんだけど……。

国の交付金漬けにおさらばするほどお金は落としてくれないけれども、無きゃ無いでやっぱり生活が不安――。それが一般的な柏崎市民のホンネだ。これがたとえば刈羽村のように、原発サマサマといえるくらい潤っているなら、「ハイ、喜んで！」と引き受けるんだろうけど。

そう書いておきながらなんだが、基本的に原発ウェルカムな刈羽村にも、反対派の村議がいたりする。だから原発はややこしい。ホント今さらだけど、関東圏の経済活動を支えるために、柏崎と刈羽の民が抱え込んだ代物は限りなく厄介だって、ちょっと思ったりしません？

※　※　※

２０１１年の東日本大震災以降、柏崎刈羽原発の立場は右往左往している。２０１２年に全国の原発が稼働停止になると、その後、民主党政権下で２０３０年の「原発ゼロ」が掲げられた。しかし、２０１３年に発足した現政権が「原発ゼロ」をゼロベースで見直す方針を示し、少しずつ原発は再稼働する運びとなった。

柏崎刈羽原発は2017年の安全審査に合格したことで6、7号機は再稼働が可能な条件が整ったが、これに待ったをかけたのが米山前知事だった。当初、前知事が原発反対を強く訴えて当選したため、新潟県民の民意が示されたと大きく報道された。2018年の1月には県独自の「新潟県原子力発電所事故に関する検証総括委員会」を設置。すでに設置されていた3種の検証委員会を取りまとめる機関として発足した。このまま新潟県は、原発再稼働を認めない県として歩を進めるかに思われた。

だが、時を同じくして柏崎市では、「原発再稼働容認派」の櫻井現市長が就任。櫻井市長は2017年、東京電力に対して1~5号機にかかる廃炉計画を2年以内に示すことを要請し、その結果いかんでは再稼働を認める方針をとった。さらに、急転直下、2018年5月に米山前知事がスキャンダルによって辞任に追い込まれた。後任に選ばれたのは「原発再稼働慎重派」という何とも曖昧な立場の花角現知事だ。「原発ゼロ」を公言していた前知事とは異なり、実質的に「原発推進派」だと見るマスコミも少なくない。だが、今のところ花角知事は〝米山路線〟を踏襲しており、「新潟県原子力発電所事故に関する検証総括委員会」が定めた東電福島第1原発事故をめぐる新潟県独自の検証を終えるまでは、柏崎刈羽原発の再稼働について議論はしないとしている。

そんな中、東電は2019年8月に櫻井柏崎市長が求めていた要請に応えるため、5つの方針を示した。そのうちのひとつには2020年12月に7号機の安全対策工事を完了すると明記してあり、再稼働するか否かはこのタイミングにかかってくるだろう。

この東電の発表に対して、花角知事は特にコメントを出さず、まだ態度を明確に表明していない。県民も東日本大震災以降は原発慎重派が多いことから、その回答によっては県民を分断しかねない。というわけで、柏崎刈羽原発の再稼働は、2020年末ごろまでモヤモヤしたままかもしれない。

柏崎市と刈羽村に跨って立地している柏崎刈羽原子力発電所。6・7号機は安全基準を満たしたというが、再稼働には至っていない

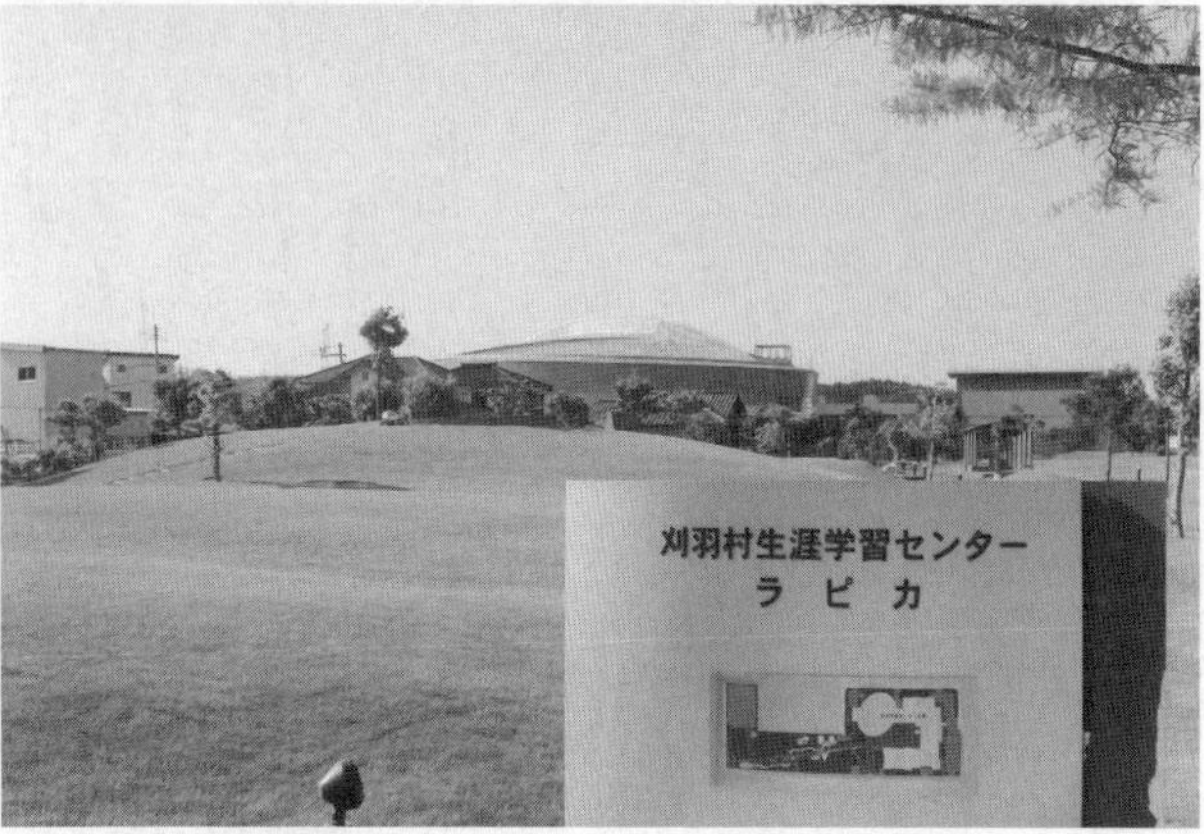

刈羽村の生涯学習センター・ラピカ。原発の町の箱モノに、やたら"ピカ"が多いのは気のせい？

三条に社長が多いという噂は本当なのか

三条民の誰も疑わない噂を裏付けるものは？

戦災を免れた三条市街の古い街並みにも、車社会は容赦なく押し寄せている。情緒と風情がある反面、交通量をさばき切れるとは思えない狭道はヒヤヒヤものだ。１本裏通りに入ればミラーをこすりそうな一方通行だらけ。田園地帯に点在する住宅地の道さえ、相互通行に向かないような道幅しかない。そのくせ、ブラインドコーナーから対向車が減速せずに突っ込んできたり。これで運転がうまければいいのだが、１万人あたりの交通事故発生件数&交通事故死傷者数が県内ワースト。拡幅は困難だろうから、ドライバーのモラルと意識に任せるしかないが、ナビを見ながらチンタラ走っていると、法定速度以上出ているのにクラクションを鳴らしてくる三条民には、かける言葉が見つからない。

そんな三条だが、これだけは譲れない自慢ポイントがある。〝日本一社長が多い町〟という金看板だ。市民に水を向ければ、ことのほか威張り散らすでもなく、でも自慢げに「そうなんだよ」と胸を張るんだから、彼らの誇りであり拠り所になっていることは間違いない。そこで意地悪く、〝日本一社長が多い〟といわれる所以を聞いてみると、不思議なことにこれが誰も分からない。その昔、農業の合間に始めた和釘の製造をルーツに、金物の町として発展した三条である。町工場の多さを考えれば納得もできる。でも、当たり前だからこそ湧いてくる抑えきれない疑問もある。そこで最終手段として、門前払いを食らう覚悟で市役所に突撃してみたのだが、取材にはあっさり応じてもらったものの、「そういう話は確かに聞くけど、データの引用元は分からない」とにべもない。

この手のデータは、国勢調査の労働人口と事業所の数をもとに弾きだされることが多い。ところが、統計局ホームページにアクセスしてわざわざ調べてくれた役所の職員さんも、「燕市のほうが人口が少ないのに事業所の数は多い」とアレレ？ の状態だ。ただ、帝国データバンクの「全国社長分析」（２０１

2年1月30日公表）によると、新潟県の人口10万人あたりの社長輩出数は１３７１人で全国6位。まるっきりデマということもなさそうなんだが、〝日本一社長が多い〟は都市伝説と認識したほうがいいかもしれない。

三条より燕のほうが社長が多そう、という流れに、思いがけずなってしまったこの顚末には続きがある。三条市内で取材を進めるなかでこんな話を聞いたのだ。「このあたりは小さい町工場が多いでしょ。日本で一番社長さんが多い町が燕なんですよ」。加えて燕の人は宵越しの金を持たない、という話を聞いたのも三条でのこと。金遣いの荒い職人＝個人事業主が燕にはより多い、と考えたくもなる。じゃあ〝三条に社長が多い〟という都市伝説は一体どこから生まれたのか？

たとえば広島県府中市も日本一社長が多い町を標榜している。こっちは商工会議所の商工業者数と人口から導き出したらしい。三条の都市伝説について、データの引用元が分かる人がいたら、教えてほしいくらいである。

さて、ここまで読んで、隣市でライバルの燕のほうが社長が多いという話にすこぶる気分を害した三条民は多いはず。でも、そもそも同じ産業で栄えた燕

三条の繁華街。金遣いが荒いという江戸っ子のような燕の社長（個人事業主）さんは、今も遊んでいるのだろうか？

民を毛嫌いするのは得策じゃない。

客待ち顔でヒマそうにしていた青玉小路の店主に聞いた話だが、景気がよかった頃、本寺小路界隈に遊びに来ていたのは、燕や吉田の人たちが多かったという。旧赤線街だった青玉小路の狭い路地に酔客やスジ者があふれ、肩が触れたといっては喧嘩が絶えなかった。豪快な遊び人が消えるとともに、次々と店の灯も消え、今では新潟市内へと客が流れている。こんな状態に手をこまねいていたら、全国に誇るべき三条の歓楽街が、消滅しかねない。ならば、金離れのいい燕民を呼び込んで、儲ける手立てを考えた方がいいと思うんだけどね。

偽装と品質問題から考える魚沼のコシヒカリのこれから

魚沼産コシヒカリは高値で売れるから偽装は後を絶たない

いまだ食品の偽装問題に頭を抱える産地は多いという。それがブランド産物であればなおさらだ。

日本一のブランド力を誇る米の銘柄といえば、やはりコシヒカリである。中でも「魚沼産コシヒカリ」は最高級の誉れ高い米であり、その偽装問題はかつて大いに話題となった。

２００９年にＪＡＳ法が改正され、産地偽装に罰則規定が設けられたが、それでも偽装は後を絶たなかった。２０１２年当時、新潟県が首都圏と関西を中心に小売店やネット販売されていた76点を調べたら、１００パーセント新潟県産コシヒカリと確認できたのは46点だったという。他県産コシヒカリと比べておおよそ2~2・5倍の値段が付く魚沼産コシヒカリなら、なおさら偽装米の標的にされる。2007年から新潟県産コシヒカリは、DNA鑑定によって真贋を判別できるようになった。それでも偽装根絶には至らず、2019年にも神奈川県の業者が、異品種を混入した精米を新潟県産コシヒカリと偽って販売したとして、不正競争防止法違反の疑いで逮捕された。この逮捕も決め手になったのはDNA鑑定だったが、まだまだニセモノを売ってもバレないだろうという意識は、一部業者にあったりするのだ。

コシヒカリの中でもブランド銘柄の魚沼産コシヒカリは、魚沼、南魚沼、小千谷、川口、十日町、湯沢、津南の約8万ヘクタールの田んぼで作られている。そもそも作付け面積が限られているから収穫量は少ないし、収穫の約半分は自宅や身内で食べる縁故米に回されるらしい。魚沼産コシヒカリの流通量はおよそ4万トンといわれており、それは米全体の中のわずか0・1パーセントでしかない。そのわりにはあちこちのスーパーで普通に売られているのはおかしいと見るべきだ。ある魚沼産コシヒカリを作っている農家は、「生産量の30倍以上の自称魚沼産コシヒカリが出回っている」と言う。まったくもって困ったものである。

魚沼に衝撃が走った「特A」ランクからの転落

魚沼産コシヒカリが美味いことは、実際に現地で食べてみるとよくわかる。総じて美味い米が多い新潟県で、魚沼産がブランドとして独立しているのは、産地のロケーションが大きい。十日町を取材してわかったことだが、美味い米は山間部だからこそ獲れるのだ。区画整理された越後平野に広がる田んぼが米どころ新潟のイメージなっているが、魚沼産コシヒカリを作付けしているのはほとんど山っぽいところである。

山間部は朝晩の寒暖差が激しい。気温の変化が大きいほど作物の旨味は増す。加えて土や水の影響も大きい。水は山々から流れ出す雪解け水が肝要で、その清冽で冷たい水が美味い米を作る（もちろん酒も）。土は土地によって違うという。しかも同じ町内でも田んぼの場所によって米の味が違ってくるという話を聞いた。

こうした自然の要素を用いて、農家ごとにこだわりの栽培法で米を作り、腕を競い合っているという。こだわりもあれば誇りもあるから、魚沼産コシヒカリの作付農家は、それぞれ自分のところの米が一番美味いと思っているそうだ。とはいえ、案外素直なところもあって、「自分ちのが一番美味いと思ったけど、ここんちのはまた違って美味しいなあ」と、ライバルの出来栄えを認めている農家も多い。それだけ魚沼産コシヒカリに愛着があり、可能性を信じているのである。

だが、その魚沼産コシヒカリ農家に激震が走った。2018年、魚沼産コシヒカリが28年連続で守り続けてきた食味の「特A」ランクから、「A」ランクに転落してしまったのだ。これに対して農協は「原因はわからない」と口をつぐむばかりだった。ひとつには2017年の天候不順が挙げられたが、これまで28年間も転落したことがなかったのだから、天候不順ばかりではなかったのかもしれない。そもそもランキングの評価基準に疑問を示す声もあった。しかし、2019年には無事「特A」に返り咲いた。ひとまず農家も胸を撫で下ろしたことだろう。

2018年の異変の原因は本当によくわからない。自分は専門家でも何でもないので、ここからは聞き流してくれて構わないのだが、原因のひとつは「異常気象（温暖化）」だと思う。朝晩の気温の変化が小さくなり、水の温度も高くなったのではないか。筆者の知り合いは佐渡で米を作っているが、水の温度が少しでも変わると、味に大きな変化が出るという。

美味い米はできても後継ぎがいなくちゃ

ただ、全国区のブランド米を作る農家の悩み事は、偽装や品質の劣化ばかりではない。もっとも深刻なのは後継者問題だ。世代交代が進んでいるのは一部の大規模農家のみ。コシヒカリ農家の中には外食チェーンとタッグを組んだりして、大量生産&卸で効率的に稼いでいるケースもあるが、それは一部である。一般的な作付農家では安定した収入を見込めなかったりするし、農業は大変で稼げないから子供がなかなか後を継いでくれない。農協の安すぎる買い取り価格も問題で、農協に自分の米を他の米と一緒くたにされたくない一部の農家はネット販売に乗り出している。まあ、それもこれも「魚沼産」というブランド力があるから成り立つわけで。普通の米農家ではそうもいかない。

米農家の中には高額な農機を買ってまで続けるメリットが見出せず、廃業してしまうものもいる。山間部の棚田は機械を入れられるほどの広さが無いから、縁故米だけ自家栽培するのもバカらしくなり、田んぼを放置していることも多々あるという。そうした田んぼを生産組合が預かることもあるようだが、これからはそうしたケースも増えるかもしれない。ここ最近の日本は、豪雨など自然災害にたびたび襲われている。田んぼが自然災害に見舞われたら、今の農家に復旧できる余力はない。新潟でもそれは同じだ。

日本一のブランド米産地といっても現実はなかなか厳しいのだ。

コシヒカリは人気ブランド米だからいつまで経っても偽装は絶えない。食えば本物かどうかわかるのに（写真は偽装とは無関係）

魚沼産エリアでもとりわけ良質の米がとれる、とウワサの南魚沼市四十日の田園風景

新潟県コラム 5

リゾート地・湯沢の今昔

1980年代後半から90年代前半にかけて、日本には空前のウインタースポーツブームが到来した。映画『私をスキーに連れてって』が公開され、その主題歌も大ヒット。ちょうどバブルが重なって、滑りそっちのけで出会いを求める多くの男女で、週末のスキー場は大いににぎわった。

そんな日本のスキー場の代名詞といってもいいのが湯沢である。この一帯には、苗場を筆頭にして、ホテルを併設している巨大なスキー場や、上越新幹線が直結するガーラ湯沢スキー場なんてのもある。その昔、スキー客が急増する湯沢町では、利用者にウインターシーズンをゆっくり当地で過ごしてもらえるよう、リゾートマンションの建設ラッシュに湧いた。それが利用客や投機目的の人たちにウケ、地元の不動産屋いわく「土地があればマンションを建てて、それがまたたくまに完売した」という左団扇状態となった。一部屋ウン千万の

物件でも飛ぶように売れ、湯沢には信じられないぐらいの好景気が訪れたのだ。
だが、そんな状態もバブルがはじければ一巻の終わり。最盛期には湯沢だけで1シーズンで800万人以上が訪れたスキー場の利用客も、2018年度は237万人ちょっと。バブルを知る人間に言わせれば「ガラガラ」だ。また、リゾートマンションも、1992年以降はパタリと建設が止まり、今ではその多くが空き部屋となってゴーストタウンと化している。景観を損ねるといわれ、「バブルの負の遺産」なんて呼ばれるが、所有者が分からなくなっているから取り壊すこともできない。税金や管理費などの滞納問題も町の大きな悩みなのだ。

で、観光客不足に困った湯沢町では、これからは海外（とくに中国）からの観光客を呼び込もうと画策している。というのも、一時期、北海道のスキー場には、上質なパウダースノーを楽しもうと、中国の富裕層が大挙して押し寄せたことがあったからだ。その目論見通り、スキー場を訪れる外国人客は、2015年に約7万7000人に達した。だが、全体割合で見れば少なく、インバウンド需要はつかみきれていない。

夏には「フジ・ロック」も開催され、短期間で人数もそう多くはないけれど、話題を含めて、湯沢はスキーで失ったものを取り返している。最近は、老後の田舎暮らしを湯沢で過ごそうと、100万円台まで安くなったリゾートマンションに入居する人も増えているという。昔ほど騒がしくないし、毎日温泉に入れて、のんびり過ごせる今の湯沢こそが、本来の湯沢らしい姿なのかもね。

第6章
そして上越は途方に暮れる!?

新潟であって新潟でなし!? 中・下越と文化が違う上越

山向こうの長野へ向く上越民の帰順意識

上越エリアでの取材中にこんな話を聞いた。「遠方から来る人のなかには、上越は長野県だと思っている人がいる」。地理に疎い人の勘違い、と笑って済ませたいところだが、ことはそう簡単じゃない。このトンデモない勘違いこそ、実は上越民の総意を代弁している（糸魚川は富山べったりだが）。

上越民の長野依存度の高さは、他エリアの県民が思っている以上だ。たとえば、高田や直江津あたりでは長野の進学校に越境通学している学生が多いというし、直江津の喫茶店では、新潟日報の代わりに信濃毎日新聞が置かれている。「車で2時間かけて新潟に行くなら、新幹線で東京に行ったほうがいい」と口を揃える大人たちは、県内で行くならせいぜい寺泊か弥彦神社、岩室温泉くらいで、いつも出かけているのは長野や軽井沢だという。上越市や妙高市の子どもたちも、県都・新潟に遊びに行くのはごく一部で、大半は電車で1時間の長野に行くというのだ。

どうしてこんなことになってしまうのか？　地理的には新潟県でも、地勢や交通の面では長野県との結びつきが極めて強いのが上越エリアである。ただ、「県内でもはずれの方にあるから、県としても柏崎より西には興味がないんじゃない？」などとサラッといってのける上越民からは、地勢面だけでは片づけられない根深い感情のもつれも感じる。その裏側にあるのは、ひとえに県への不信感である。取材させてもらったひとりが、こんなことを語っていた。

「大きな声じゃいえないけど、上越は政治的に新潟市からは遠すぎる。佐渡や新潟市内、湯沢エリアのスキー場が観光の中心になったのは、『まず新潟市へ新幹線を』と角栄さんが動いたおかげ。それから何十年か経って北陸新幹線の開通に見通しが立ったときには、県の負担金を巡って当時の知事は文句タラタラだったし。確かに、経済効果と負担金の釣り合いがとれず、メリットが小さいことは分かる。でも、県内全域に目配りしなきゃいけないはずのお上の姿勢を見ていると、果たしてどこまで本気で上越のことを考えているのか?」

確かに憤る気持ちは分かるけど、こりゃ相当にこじれている。ただ、上越民がこれほどまでに県民アイデンティティを失い、長野への依存度を高めていった経緯は、感情のもつればかりが原因ではない気もする。そもそも新潟県は330キロもの海岸線に沿って南北に細長い県だ。県内で横移動するより長野に向けて南下する上越民の特性を考えると、上越エリアだけが県内でも文化的に異質な土地なんじゃないだろうか。

そこで注目してみたのが食。今や全国的に新潟県のソウルフードとして知られるイタリアンは、上越には無い。中・下越では食べられるタレカツ丼も、上越には無い。さらに上越の特殊性を物語るのが、大手ファストフードチェーンの少なさ。マック、モス、ミスド、ケンタを合計しても、人口30万のエリア内でたった8店舗。牛丼の吉野家と松屋を含めて10店舗だ(2019年10月現在)。なんでこんなに上越エリアに少ないかというと、糸魚川市に大手チェーンがまったく出店していないから。だからといって内輪揉めしている場合じゃないん

上越と中・下越との違いや関係

下・中越と違い上越の言葉には独特のイントネーションが少ない
上越人は下越を東北だと思っている
下越人は上越を長野だと思っている
上越では新潟名物「イタリアン」が有名ではない
糸魚川市と妙高市の一部は北陸電力と中部電力から
電力の融通を受けている（他は東北電力）
上越人にはもともと新潟の中心地だった自負がある
新潟の話というと新潟市周辺のことばかりで上越は面白くない
上越ののっぺいはとろみがついて汁が少なめで甘じょっぱい
上越には全国区のファストフードチェーンが少ない

※現地取材など独自調査

だけどね。

ちなみに、新潟県といえば酒どころとして知られるが、水の違いによって中・下越（軟水）は淡麗系、上越（硬水）はどっしり系と酒質がまったく違うらしい。そういえば、「水が変われば気質も変わる」と聞くけれど、酒の違いが気質の違いの一番の原因だったりして。

超巨大合併で誕生した上越市その自治制度の評判

デカいから任せた！　で始まった地域自治

全国的に進んだ市町村合併は、行政機関のスリム化など行革の一環ととらえられたが、上越市では新たなまちづくりのキッカケとして全国屈指の巨大合併に踏み切った。ただ、13もの町村が一気に消滅することで、住民は身近に役場や議会がなくなる不安を抱える。そこで、地域の要望を効率的にくみ上げる仕組みとして、地域自治区制度を導入した。この制度は「地元のことは地元民が一番分かるわけだから、皆さんで話し合い、改善の必要があることは市長に意見・要望を出してください」ということ。巨大化した領地を統べるために、領民の不満をくみ上げる仕組みなのだ。その仕組みの一環として、市内28選挙区には、地元の声を集約する地域評議会が設置された。

ここまで仕組みを作り上げた市としては、「これでよしよし」だっただろう。ところが、2012年4月の市議選で合併後初の全市一区での選挙が行われると、地元候補が立たなかった区で、「地元出身の市議がいなければ区ごとの予算配分にも支障があるのでは？」と猜疑的な見方が生まれた。

市議選の地区別の投票率を見てみると、候補擁立ができなかった区の投票率がもっとも低い。地元出身の候補の不在は、市政への関心も失わせるし、失望感の増大にもつながる。それは間違いない。だが、同じ市内で「区ごとの予算配分にも支障がある」というのは、なんだか引っかかる。そこで合併後の制度を洗い出したら、「区ごとの予算配分にも支障がある」と誤解される根っこが、地域自治区制度とセットで導入された地域事業費制度にあることが分かった。

人口と予算配分が合ってないんだもん

合併後10年間の事業費総額を設けて運用開始した地域事業費制度は、【旧市

上越市の地域自治区制度MAP

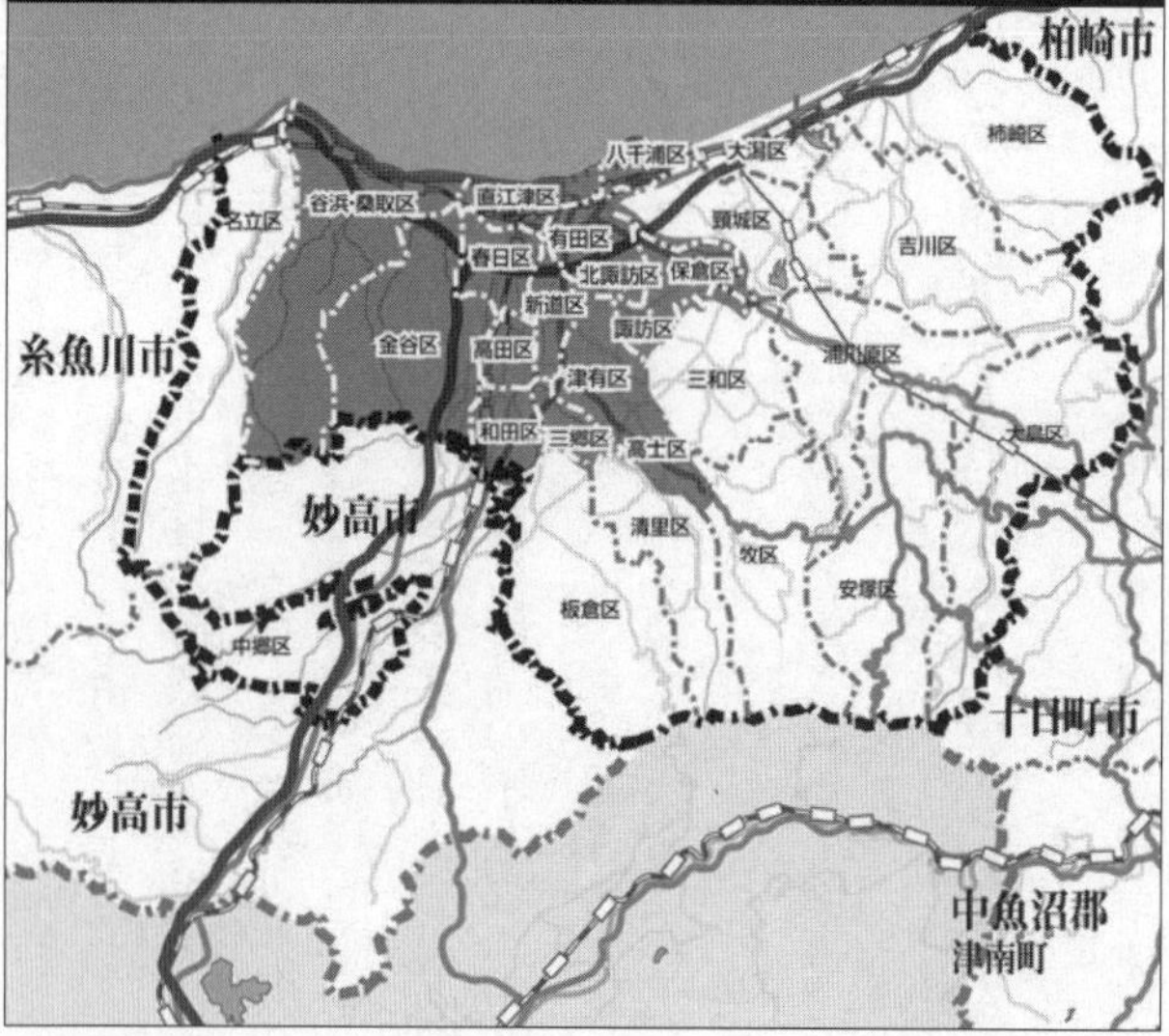

町村の特性を活かした事業】【地域課題に対応する事業】【地域間の行政サービス格差を埋めるための施設整備】など、合併の大目標として掲げた「新たなまちづくりのきっかけ」を感じさせる方針があった。が、いざ合併してみると目論見とは違った。言い出しっぺの旧上越市の地域事業費が予算オーバーしてしまい（というか元々旧市町村ごとに配分の目安はあっても決まった予算は無かった）、2012年度から制度見直しに。地域事

業費制度は（住民側の言い分としては）合併のエサだったため、猛反発する旧町村もあった。だが、よくよく数字をつき合わせてみると、地域事業費制度自体が最初からムリだったんじゃないの？　と思えてならない。10年間の事業費総額は551億円だったが、このうち旧上越市の配分は約288億円。市内の3分の2の人口を抱える旧上越市に、（他地区の手前もあったんだろうが）52パーセント程度の予算配分じゃ、そりゃ破綻もするでしょ⁉

事の顛末はお粗末だが、合併も地域自治区制度も地域事業費制度も理念は立派。じゃあ、上越市が抱える合併前町村の不満を、どうすれば解消できるのだろうか？

『地方自治法上の地域自治区を活用した取り組みについて』（財団法人地域活性化センター）に、そのヒントがあった。地域自治区導入・導入予定団体へのアンケートを元に作成されたこの報告書では、円滑な合併に不可欠なものとして「区長の設置」を挙げている。現在の上越市では、地域評議会が市とのパイプ役である。しかし、評議員は市長が選出していることを忘れちゃいけない。住民を代表して市と交渉にあたり、時に地域にとって受け入れ難いことでも住

上越市の合併までの経過

年度	事柄
2000年	4市村で市町村合併に関する勉強会を設置
2001年	名立町が加入。任意合併協議会の設置
2002年	板倉町、浦川原村、大島村、安塚町、中郷村が加入
2003年	柿崎町、大潟町、吉川町、頸城村が加入。上越地域合併協議会が設置される
2004年	合併協定書を締結。合併申請の議決を行い、14市町村が県知事へ合併の申請を行う
2005年	上越市が周辺13市町村を編入合併

※上越市ホームページを参照

民を説得して回れるのは、住民から信任された区長しかいないはずだ。でも、新潟市のように市職員が区長になっちゃ困るんだけどね。

そんなゴタゴタもあって、上越民の地域自治区制度の評価は芳しくない。「合併して不便になったことは無いけど、何もいいことも無い」というのが、取材した限りの住民の総意。個人的には、東京都の半分にもなる日本一デカいみなし過疎地域が、大規模自然災害にどう対応するか、心配になってくる。今さら遅いけど、この合併、欲張りすぎじゃないですか？

※　※　※

２０１２年の取材当時、地域自治区制度への市民の評判はあまりよくなく、合併して何もいいことがないという声を聞いたが、ここに来て、地域自治制度のメリットも浮上してきた。それが自然災害への対応だ。

２０１９年10月、未曽有の勢力という触れ込みだった台風19号の接近により、上越市には大雨警報や避難指示が発令された。このとき、上越市では自治区に1カ所ずつ避難所が設置されたが、さらに自治区ごとに細かな情報や指示が出された。もちろん合併していなければ、それぞれの自治体が行ったことではあるが、上越市は災害警戒本部を設置し、市内の警戒レベルが上がっていく中でその対策を講じ、各地区に伝達していった。

上越市内各地では床下浸水や道路の冠水も見られたが、仮に合併せずにいたら、自治体間で情報・避難・事後対応の格差は確実に出ただろう。小さな自治体だと避難などの動きが迅速に行われるメリットはあるものの、大局で見た場合、災害への対応は大きな組織としてまとまって行ったほうが、情報収集も楽になり、不公平も出ないし、安全だったりするのである。

衰退する糸魚川を襲った駅前大火のその後

北陸新幹線効果はあったような無かったような

糸魚川駅前（日本海口）のロータリーでは、数台のタクシーが延々とお客を待っている。周辺の車の通りはボチボチあるものの、真夏の日中の駅前通りには散歩中とおぼしきオッチャンや買い物途中のオバチャン、ちょっと奥まで歩くと、道路整備をする作業員の姿ばかりが目立った。

糸魚川は世界ジオパークに認定されている。そのため夏休みのえちごトキめき鉄道の車内は、親子連れやボーイスカウトの集団で活況を呈していた。ただ彼らは糸魚川の中心市街地に向かうわけではなく、地元経済を直接的に潤してくれるような存在ではない。

かつて糸魚川を訪れた際、休日なのにあまりにも人の気配がなく、駅前のある商店主は「この街に私ひとりしかいないんじゃないかと錯覚するほど寂しい」とこぼしていた。そんな糸魚川に北陸新幹線の駅が開業したのは2015年3月14日。人口4万人程度の街に、ビックリするほど美しく大きな新駅舎も誕生した。その北陸新幹線の開業以降、糸魚川に「新幹線効果」があったかといえば、開業初年度は確かにあったといえる。観光客数は前年比で約126パーセント増。同時に仕掛けたグルメイベントも功を奏し、その波及効果もあったのか市内の観光施設の入場者数は軒並み増加した。

糸魚川は、山、海、温泉をすべて備えており、観光地としてのポテンシャルは高いと思う。ただ同じ北陸新幹線沿線の金沢のような派手さや知名度は、ほぼ皆無ときている（金沢と比べること自体無理があるけどね）。それでも北陸新幹線糸魚川駅の乗降者数（通常時）は大幅な上昇や下降もなく、1日平均1000人前後で推移している。お盆や年末年始は例年2000人前後で推移しているが、在来線だけだった過去の数字と比較すれば開業効果はあったといえるし、一方で期待していたわりに開業効果はなかったともいえる。

新幹線を核にしたまちづくりは、若者の流出と高齢化の進行で「限界集落都市」とまで言われた糸魚川にしてみれば、今後の生命線であり、やりようによっては定住者増や沿線都市間の交流・連携など、乗降者数には表れない効果も期待できる。

しかし、その新幹線開業からおよそ1年半ほどが過ぎた2016年12月、糸魚川の市街地を災害が襲った。大規模な火災（糸魚川市駅北大火）が発生したのである。

風と木造家屋の密集が被害を拡大させた

2016年12月22日午前10時20分頃、糸魚川駅前（駅北）のラーメン店から火の手が上がった。事の発端はラーメン店主の過失にあった。実況見分と関係者の証言によれば、店主が厨房の大型コンロを消し忘れ、中華鍋が空焚き状態になり、コンロや壁面に付着していた油かすが発火。壁の内部や天井裏へと延焼が拡大していったという。

出火から数分後に119番通報されたが、火元付近の火の勢いが強くなると同時に、周囲や風下の建物に飛び火。折しも時は12月、糸魚川には山から海へと風が吹き下ろすフェーン現象による最大瞬間風速24メートル超の強風が吹いており、延焼範囲は瞬く間に拡大していった。また、糸魚川駅北（日本海口）は木造住宅・店舗の密集地だったことも災いした。飛び火はもちろん、路地が細くて消火活動が難航したのも被害が拡大する原因となった。

災害対策本部や避難所が設置されるほどの大火は、出火してから約10時間半後、延焼拡大の危険性が無くなったことで鎮圧と判断され、約30時間後にようやく鎮火した。この頃にはもう街は広い範囲で焼け野原になっていたという。その被害は、焼損棟数147棟、焼失面積は約4万平方メートル、負傷者17人（死亡者が出なかったことは幸い）、損害額（2017年11月30日現在）は約10億8000万円にも上った。歴史的建造物も多数消失したが、その文化的価値を考慮すると、それだけで被害額が数十億円と見積もる人もいた。

2016年末に大火に見舞われた糸魚川では、年明け早々から復旧・復興作業が始まった。教訓を生かし、大火に負けない消防力の強化（火災報知機の設置推進や初期消火体制の強化など）や、大火を防ぐまちづくり（延焼遮断帯の形成や道路の拡幅など）、雁木（がんぎ／連なった民家や商店街の店が軒を延長し、庇を道路側に突き出すような格好で設けている建築様式）や酒蔵などをはじめとする歴史的まちなみの再生、市営住宅の整備などが進められた。加えて被災者への支援情報や復興情報を広く発信したり、大火の記憶を未来につないでいく取り組みも進められた。こうした数々の施策は、現在進行形で続けられている。

誰も大火前と同じ生活には戻れない……

2016年は糸魚川、2019年は京都と沖縄で火をめぐるたいへん悲しい出来事があった。有史以来、火というものは人々の生活になくてはならないものだが、ひとつ使い方を間違えるとすべてを失う（絶望の淵に叩き落される）諸刃の剣だということを、人は事が起こってから改めて気付く。

古い家が密集する駅前地区の住民は、人生の大半をここで過ごしてきたという人ばかりだった。大火で先祖代々の家を失った人も多く、全部の家が火災保険に入っていたわけではない。行政から支援は受けられるが、それでも再建への経済負担は大きく、被災者全員が大火前に近い生活に戻れるわけではない。

復興が進む中、被災した老舗酒造がおよそ1年半ぶりに酒造りを再開したというれしいニュースも飛び込んできた。糸魚川の「加賀の井酒造」といえば江戸時代から続く越後有数の歴史を持つ酒蔵だ。ここは大火で、蔵と社屋が全焼、仕込み用タンクもすべて失った。そこから再建を進め、存続していくためのエネルギーは並大抵のものではない。しかもだ。設備を失い、仕込み水以外はすべて新しいものに変わる。要は味が変わらざるを得ないのだ。伝統の酒には固定ファンがついており、味の違いには敏感である。結局、酒蔵の伝統の味わいを受け継ぎながら、新たな旨い酒を造らなければ、新たな伝統は築いていけないのだ。応援される酒から愛される酒になったとき、加賀の井の時間は再び動き出すのかもしれない。

被災地にはすでに新たな建物もできているが、今もそこかしこに空き地が残り、道路整備も続いていた。地元の人に聞くと、大火の後に多くの住民が出て

糸魚川市駅北大火の概要

出火日時	2016年12月22日10時20分頃
鎮火日時	2018年12月23日16時30分
火元建物	糸魚川市大町1-2-7のラーメン店
焼損棟数	147棟 （全焼120棟、半焼5棟、部分棟22頭
焼失面積	約40,000㎡
負傷者数	17人
被災者数	145世帯、260人、56事業所
損害額	10億7724万6000円 （消防本部調査、2017年11月30日現在）

※糸魚川市大火報道資料を参照

行ってしまったという。こうした災害の後は、住民のモチベーションを落とさないよう短期間の復興が理想とされるが、そのあたり後手にまわった感は否めない。ただそのことを教訓に糸魚川には今後、新たなまちづくりにまい進してもらいたい。

とりあえず力を入れたいのはＵＩターンによる市街地への人の呼び戻しだろうか。何はなくとも人がいなければ街に元気は出ない。

出火元のラーメン店があった場所は空き地に。今後ここに建物ができるとして、入りたがる人はいるのだろうか？

大火や復興の情報を発信する拠点として開設された、復興まちづくり情報センター。地域の人が気軽に集まれる憩いの場だ

新潟県コラム 6

仏教界のビッグネームがズラリ

新潟県というところは驚くほど仏教の開祖と縁が深い。真言宗の開祖・空海が八海山と五頭山を開山したという伝説があり、浄土真宗の宗祖である親鸞は1207年に越後国国府（現在の上越市）に配流。1271年には、日蓮宗の宗祖・日蓮も佐渡へ流罪されている。越後と佐渡が当時の流刑地だったゆえの幸運なのだが、それにしても、やってくるのはかなりのビッグネームだ。やってくるといえば、魅力的な顔が特徴的な仏像を彫る木喰上人も越後には2回ほど訪れ、新潟各地に多くの仏像を残している。ちなみに地元からも仏僧界のビッグネームが現れている。子どもが大好きで、誰からも気軽に"さん"付けで呼ばれる良寛（曹洞宗）は出雲崎の出身である。

仏教界の大物が訪れて、布教すれば信者も増えるということで、新潟には信心深い仏教徒が多いといわれるが、その宗派は地域別に分かれている。大まか

にいうと、山間部は真言宗と曹洞宗の寺が多く、平野部は浄土真宗の寺が多い。特に浄土真宗は農村地帯にしっかりと根付き、新潟には多くの寺ができた。浄土真宗が大ブームとなったのは、それが小難しい教義ではなかったからだ。ただ「南無阿弥陀仏」と唱えていれば極楽浄土に行ける、救われるという簡単な教えなのだから、無学だった農民たちの間に爆発的に広まったのも当然だった。そして、この浄土真宗が農民の間に広まったおかげで、間引きや身売りという風習が当地には生まれず、人口が爆発的に増えた。しかし、実状は食うに困るもんだから、子どもは成長すると各地へ出稼ぎに出ていくんだけどね。

真言宗、浄土真宗と来て、日蓮宗のお寺は

どうしたの？　といえば、その寺院は旧刈羽郡と旧三島郡地域に数多くある。これは日蓮が佐渡に流される前に、寺泊に滞在したからといわれている。その日蓮は3年ほど佐渡にいたわけだが、布教は大々的に行われなかったので（佐渡の役人が布教を禁じたともいわれる）、現在の佐渡市民で日蓮宗を信仰している人は想像するより多くなく、どちらかといえば真言宗を信仰している人が多い。

さて、仏教の教えによって、新潟には忌まわしい農村の風習が無かったことはよかったが、農民信者たちは信仰によって団結力が強くなり、ついには一揆を起こしてしまったなんてことも。新潟県人が団結力が強いといわれるのは、こうした歴史的背景があるからなのか？　巨大合併が意外とスンナリ行ったのも案外分かる気がするなあ。

第7章
終わっているようで終わっていない佐渡

意外と知らない佐渡の正体

金山やトキだけが佐渡じゃなかった！

佐渡と聞けば、トキだの、金山だの、おけさだの、あるいは〝どんまつり〟だの、内地の人間が知っている名物や名所といえば、おそらくこんなものだろう。いつしか古ぼけた観光地に成り果て、老人ばかりのツアー客しかいなくなった佐渡（観光の弱体化は274頁からたっぷりと後述する）。しかし、佐渡はずっと「動脈硬化」を起こしているわけではない。

一般的にはまず知られていないが、佐渡は世界文化遺産の候補であり、2011年には、国際連合食糧農業機関が認定する「世界農業遺産」にも選ばれた。多種多様な生態系が保持されており、棚田に代表される佐渡の伝統的農法は、単なる田んぼという以上に自然遺産として評価された。佐渡の農民たちも、農業遺産登録に呼応するかのように、農薬減に取り組んでいて、5割減々（農薬使用5割減）はほぼ達成されているという（大農家は生産力減による補償を求めていたりするけどね）。

さらに佐渡はジオパーク活動にも取り組んでいる。県内では糸魚川がすでに世界ジオパーク認定を受けているが、佐渡でも文化や人の暮らしを通して、自然に親しもうという活動が行われ始めている。

佐渡という島は、学術的に見ても非常に貴重な場所だという。佐渡のジオパーク推進にかかわる方に話をうかがったところ、「新潟の日本地質百選に選ばれた地質の6つのうち、3つが佐渡にあるんですよ。佐渡は海底火山による溶岩の隆起で出来たんですが、その隆起した溶岩がこれだけ見られるのも、日本では佐渡だけ。専門家の間では金山よりもこちらの評価が高いようです」と教えてくれた。さらに、「日本が大陸から離れ、そして佐渡が出来て。つまり、日本列島が出来た過程の地質が佐渡に全部残っているんですよ」とのこと。また、佐渡は南方植物の北限、北方植物の南限にあたるため、生物が多種多様なのだという。「来年（2013年）、日本にジオパークの申請をします。おそらく通ると思うので、その2、3年後には世界認定されるでしょう」とのことだった。仮に世界文化遺産にも認定されたら（鉱山は石見に先を越された）、3つの世界級自然遺産が佐渡に生まれることになる。知らないところで、佐渡はとてつもない野望を抱いていた。「鼻息だけ荒くて、どうなることやら」と笑うが、スケールがもともとデカいのだから、小ぢんまりとした展望より、夢はデッカく持っているほうが楽しい。

貴重な自然遺産をどう生かしていくか

今、世界文化遺産、世界農業遺産、そしてジオパークという3つの柱で、佐渡は島の活性化を目論んでいる。そしてこうした構想のなかに、既存の観光物の金山やトキ、おけさや能楽、祭りなどの文化もすべて取り込もうとしている。つまり、金山やトキといったソフトを、断片的な観光スポットとするのではなく、ジオパークというパッケージのなかに取り込んで、すべてをめぐる「流れ

（動線）」を作ろうというわけだ。この流れに乗ったわけではないが、トキの野生の生態が見られるドーム型施設「トキふれあい施設」が完成。２０１３年の4月をメドに開館の予定だという。こうした計画は、行政も巻き込んだ遠大なものなので、当然まとめ役が必要になってくるが、甲斐市長がやる気を見せているらしいし、佐渡が変わるキッカケになるかもしれない。

悠久の自然が残り、世界自然遺産になっている屋久島は、佐渡と同じく離島であり、あちらは国内の人気スポットだ。しかし、地質や生態系でいえば、佐渡も同じく貴重な自然遺産である。屋久島の縄文杉にも負けない杉だってある。ただ、両者の決定的な違いはイメージだ。屋久島には「未開性」から来る「神秘性」があり、佐渡には逆に開発されてきた「人為性」が強く感じられてしまうのだ。今後、佐渡がこの貴重な自然をウリとするなら、もはや埋められない屋久島との差を、逆に強みに変えるアイデアが求められるだろう。

※　※　※

２０１２年に取材した翌年、トキの森公園敷地内に「トキふれあいプラザ」がオープンした約半年後の２０１３年9月、佐渡は念願のジオパーク認定を受けた。しかも佐渡は、トキが棲める豊かな生態系を維持した里山と、生物多様性を保全する農業の姿が認められ、「トキと共生する佐渡の里山」として、2011年6月に世界農業遺産に認定された。確かに野生のトキも生息した自然環境に加え、急峻な土地につくられた「棚田」の美しさ、そしてそこからもたらされる豊かでかつ美味な恵みは、世界遺産の看板に恥じない宝であろう。

その佐渡では他にも世界文化遺産登録を狙っている場所がある。それが佐渡金銀山（金を中心とする佐渡鉱山の遺産群）だ。2018年の世界文化遺産登録に向けて動いたが、国からの評価を得られず、ユネスコへの国内推薦候補に選ばれなかった。これで2年連続の落選。3年目の正直を狙っていたが、佐渡は2019年の推薦はあきらめた。それでも翌2020年に推薦を勝ち取り、2022年に世界文化遺産登録という青写真でいるらしい。

確かに貴重な遺産だが、筆者が気になるのは、鉱山内のリアルな坑夫人形は世界遺産になってもそのまま置かれるのか？ ということ。あのB級感はたまらないし、是非ともキープで！

小木民俗資料館から海岸段丘を下った宿根木の集落には、船大工が手がけた建物が保全されている。こちらも超貴重な歴史遺産だ

佐渡を誰も来ない観光地にしたのは誰だ！

行きたくない！ではなく「行けない」

内地の人間は佐渡を「異国」と表現したりする。さほど距離が離れているわけではないのに、遠き異国呼ばわりされてしまうのは、佐渡が内地の人間にとって身近な島じゃないからだ。同じ新潟県内にもかかわらず、気軽に行き来できないことが、佐渡を「近くて遠い島」たらしめている。

佐渡の観光客数の推移を見てみると、2011年以前の5年間で、県内からの客数がほぼ25万人前後、県外からの客数が約30万～36万人で推移しており、2012年度もほぼこれらの数値内に収まるだろう。しかし、この推移だけ見れば安定しているとはいえ（2011年は震災のせいで観光客は少ないが）、

佐渡への観光客数の推移

年度	観光客数(万人)
2014年	50.8
2015年	50.4
2016年	50.0
2017年	48.8
2018年	49.1

※各種資料より作成

最盛期を考えれば低空飛行。20年ほど前は観光客が100万人を超えていた。佐渡の産業は観光が主力だけに、こうした現状では景気も上がらず、地元民もお手上げ状態だ。

どうして佐渡に人が来ないのか？

現状の観光ソフトに魅力が感じられないというのはあるだろう。しかし、情報発信がうまくいっているとは言い難いが、島のジオパーク化は着々と進められており、子どもたちが楽しめるコンテンツも十分ある（離島というのも子どもの冒険心や好奇心をかきたてるし）。しかも、キャンプ好きが絶賛する「オートキャンプ場」もある。昔のイメージはどうあれ、老人がツアーで回るだけの観光地から脱却を図りつつあるのだ。

だが、そうして観光地の魅力がアップしたとしても、そもそも問題がある。佐渡までの渡航費が高いのだ。島民もそこが最大のアキレス腱ということは分かっている。

佐渡の人たちの叫びが届かない

佐渡に渡る手段は船か飛行機のどちらかである。しかし、佐渡空港と新潟空港を約25分で結ぶ飛行機は小型機が一便で10人（パイロット含む）乗りだからインフラとしては頼りない。佐渡空港の拡張も、地権者との問題ではかどっていないから、大きな航空機を飛ばすメドもつかない。

佐渡渡航の主力手段はやはり船便だ。新潟～両津、寺泊～赤泊、直江津～小木の3ルート。佐渡に渡ろうとする多くの人間は、必然的にカーフェリーやジェットフォイルを利用しなくちゃならず、これらの船便を一手に握っているのが「佐渡汽船」なのだ。

佐渡汽船には、観光弱体化を憂う市民から批判の声が出ている。慈善団体じゃないから利益を上げるのは当然だが、「殿様商売が過ぎる！」というのだ。たとえば利用者が一番多い新潟～両津間の運賃（島民を除く）を見ると、カーフェリーがもっとも安い２等で大人が往復４８４０円、子どもも２４２０円。ジェットフォイルは大人が往復１万１７８０円、子どもも５９００円だ。さらに車（一般車）を運ぼうとすれば、余計に２万～３万円程度かかる。これをたとえばジオパークめぐりをしようとするファミリー層に当てはめてみると、親子３人（大人２人と子ども１人）＋ワゴン車（車長４～５メートル）として、往復４万円以上かかる。ちなみに東京から来ようとすれば、高速代やガソリン代も含めて往復６万円近くかかる計算だ。これなら近場の温泉か、格安パックで海外旅行でも行こうか、ということにもなってくる。昔のフェリーでは、人が何人乗っても車一台分の運賃だったときもあり、車への強引な人の詰め込みもあったようだが、それも古き良き時代の話。今では島民、障がい者、学割・自転車無料キャンペーンなど以外にお得感は無い（割引分の補てんは佐渡市や県がしている）。

観光客が減り続ける根本的な要因は、観光ソフトというより、佐渡汽船の独占状態にあるといってもいい。島民は「佐渡に乗せてってやるみたいな上から目線の佐渡汽船は体質改善したほうがいい」と憤る。しかし、そうはいっても、佐渡汽船に改善の動きがあるというわけではない。「船便を独占しているから、もし佐渡汽船が立ち行かなくなったら島民は困る。だから守られている。県が大株主だってのもあるから、甘えているんだよ」とあきれる島民もいる。佐渡のバス便を握る新潟交通と佐渡汽船の観光連携もうまくいってるとは言い難い。どれもこれも「ぬるま湯」に浸かり切っている。

佐渡へ知事が来て懇談会が開かれると、佐渡汽船の問題はやはり出るらしいが、「運賃改善も含めて勧告できないのか！」と島民が詰め寄ってもはぐらかされるだけだという。宝の持ち腐れになりかねない今の佐渡の現状は、深刻というより、なんだかやりきれない。

※　※　※

佐渡ははるか昔、流刑の地だった。要は脱出できない（と見られた）島なのである。今も昔も行き来するには船便しかない（人力もあるというのはこの際無視ね）。今は内地からフェリーやジェットフォイルが航行しており、ジェットなら約1時間で新潟港から両津港に到着するので楽チンではある。ただ楽チンといえば飛行機があったじゃないか！　とはいっても、2014年の4月から運航を休止してしまった。筆者は佐渡空港から飛行機に乗ったことがある。小型機でけっこうスリルを感じたが、あっという間に新潟空港に着いたので意外と感動した。せっかく新滑走路をつくって中型機を飛ばそうか（佐渡・羽田便）という構想があったというのに、実現しなかったのはもったいない。新滑走路建設のために地権者が土地を提供しないのは仕方ないとして、採算性を理由にしていたら、世界遺産登録を狙う観光島・佐渡の名折れではないか（佐渡汽船は赤字でも続けているけどね）。羽田からジェット機で1時間程度で行けるなら、日本人のみならずインバウンド需要も見込めるのではないだろうか？観光振興やそのためのインフラの利便性を追求するなら、航路が船だけというのは健全ではなかろう。しかも、2017年に寺泊・赤泊航路は佐渡汽船に見放され、公的支援で存続していたものの、2019年に廃止が決まった。今後、新潟・両津、小木・直江津航路に集中するというのは、佐渡汽船の都合であり、そこに利用者の目線はかけらもない。

佐渡国定公園を代表する景勝地・尖閣湾。峡湾としての美しさは世界トップクラスといわれている

「運賃が高い」といわれる佐渡汽船は、世評のガス抜きのためだろうか、たまにフェリーの乗用車輸送料金を安くする。そうなると利用者が激増する。つまり、内地民は「島内に見どころもけっこうあるし、移動費が安けりゃ佐渡に行ってもいいかな」と思っているのだ。年がら年中値引きしなくてもいいけれど、佐渡のこれからを考えて、もう少し利用者のお財布のことを気にして欲しいものである。

佐渡のＵターン策はうまくいってるの？

なかなか思うように事が進んでいかない

佐渡市報の最終頁では、ひと月の間に誕生した市民と死亡した市民が列挙されているが、「おくやみ」の欄がスペースの約３分の２を占めている。つまりそれは、佐渡の少子高齢化と人口減の問題を如実に表している。

日本神話で、黄泉の国のイザナミが「お前の国の人間を１日に１０００人殺している」といったことに対して、イザナギが「１日に１５００人の産屋を建てよう」と返したように、人が死んだらそれ以上の人が産まれることを世の理とした。その点でいうと、佐渡はこの世の摂理から外れている。

佐渡の人口は、２０１２年８月現在で約６万２０００人。約12万５０００人と、もっとも人口が多かった1950年と比べると、半減している。対して高齢者率はグングンアップし、2010年の4月1日の段階では36・3パーセント。約3人にひとりが高齢者という状態になってしまった。しかも人口が減っているのに、高齢者の割合が増えている。これはつまり、佐渡から若い人たちが流出してしまっていることを示している。

というわけで、佐渡は危機感を抱いた。このまま手をこまねいていれば、佐渡からは人がいなくなり、しかも島全体が巨大な「老人ホーム」になりかねない。そこで市をあげて、IターンやUターンの施策に取り組んだのである。

まず佐渡は、首都圏でPR活動を行った。情報誌を10万部、フリーペーパーとして配布し、さらに定住相談会にも参加した。また、「佐渡準市民制度」も展開。これは島外の佐渡出身者や佐渡に興味を持っている人たちに、準市民となって佐渡を応援してもらう制度。そこには佐渡に愛着を持たせることによって、将来のUIターンに繋げたいという市の思惑がある。

こうして、佐渡に関心を持った人たちから、移住の問い合わせが多く寄せられたという。市の担当者によれば、定住に繋がったのは、把握しているだけで

60組（2012年6月末まで）。年に1000人規模で人が減っている佐渡だけに、焼け石感は否めないが、どうやらさまざまな問題があり、スムーズに事が進んでいないという。

まずは移住希望者側の問題。市の担当者によると、「本土内での移住と違って、離島への移住は不思議と覚悟がいるようです」とのこと。もとが流刑の地だったことは関係なかろうが、本土と隔離されることへ恐怖感を覚えるようだ。

一方の佐渡側には、ひとつに雇用の問題がある。移住者は、年金暮らしならいざ知らず、そうでなければ仕事をしないと食っていけない。自営希望や家業を継ぐケースもあるが、それ以外なら就職の斡旋が必要となる。が、そちらはハローワークや民間のインターンシップなど頼み。移住者専用の相談ダイヤルなどがあってもいいと思うし、定住するまでのサポートも大切だが、アフターケアも大切な問題だろう。

そしてふたつ目は住宅の問題だ。Iターン希望者は基本的に街中に住みたくないものだが、そうした需要に対して希望に沿う住宅の供給量は少ない。市に話を聞いた時点で、斡旋できる田舎の空き家が15戸。すでに空き家状態にもかかわらず、「盆や暮れには使うかも」と地権者が貸さない家も多いそうだ。また、うまく借りられたとして、賃料が3～5万円程度と、けっこう吹っかけている。佐渡の家賃設定は高めらしく、離島だから生活必需品（ガソリンも含め）も高い。「金がかからないのが田舎暮らし」の印象とは多少違う。

離島では新住民と旧住民の融和が問題

住宅関連でもうひとつ。島民の島内での移住（たとえば佐和田の住民が仕事をリタイヤして田舎部に引っ込むような）には、空き家の貸借や土地売買が意外にスムーズに行われているという。うがった見方をすれば、移住者には土地を貸したり売ったりするのを嫌がっている、ということか。移住問題には地域ごとに温度差があり、島南部の羽茂周辺は比較的寛容なようだが、そうじゃない地域もけっこうあったりするようだ。

両津や相川、佐和田など合併する際、市庁舎の場所をどうするかなど（結局、中間の金井にした）、イニシアチブの取り合いで揉めに揉めた。今でも各地区同士のライバル感情はビミョーに残り、果ては集落で内ゲバを起こしている地区もある。だが、地域性はバラバラだが、余所者相手となると団結力を発揮したりするのだ（そういう人ばかりじゃないことも付け加えておく）。とはいえ、移住者を受け入れなかったりする一方で、地元の人に助けられながら必死に生活をしている移住者がいるのも事実。もともとバラバラの地域性をうまく取りまとめて、島の共通の意思としてＵＩターン施策を進めることが必要なんだろう。

※　※　※

２０１５年の国勢調査によると、佐渡市の人口は５万７２５５人。本編の２０１２年８月の約６万２０００人から、５０００人近くも減っている。わずか３年余りで５０００人減るなんてマジでヤバくないか？　しかも老年人口割合（２０１５年）は、２０１０年から4パーセントも上がって40・３パーセント（このうち後期老年人口割合は24パーセント）。別に老人が多いのを否定するわけじゃないが、このままのペースで若年層が島から流出（脱出？）していくのであれば、佐渡の人口は加速度的に減っていくだろう。何せ将来的な人口予測では、2045年に佐渡市の人口は2万9000人になるとされている。しかも老年人口割合は49・9パーセントになるそうだ。島の2人に1人が老人って、みんな体が達者ならいいけど、そうでなかったら誰が面倒見るのよ！というわけで今も佐渡はUIターン（移住施策）に熱心だ。移住コーディネーターさんも懇切丁寧という話である。まあそうした人たちの紹介なら、たとえば小さな集落（コミューン）の人間関係も含め、あまり神経質にならなくていいのかもしれない。

筆者の知り合いには佐渡出身者がいるが、親から引き継いだ家が佐渡にあるにもかかわらず、佐渡には戻りたくないという。娯楽が無い、職が無いとかいう以前に、どうしてもムラ社会のしきたりになじめないのだそうだ。いくら実家は佐渡でも島を出ていった「ヨソ者」への風当たりは強いという（もちろん全員じゃないけどね）。そんなわけで知り合いの佐渡出身者は、実家を移住者に貸すそうです。僻地だけど一軒家（平屋）だから家賃想定は3〜4万円だって。やっぱり佐渡は高いよ（笑）。

金井にある佐渡市役所。置いてあった市報を読むと、おくやみの数がものすごいことになっていた

地域によって住民性も違う佐渡。移住で難しいのは、そうした地元民とのコミュニケーションだ

新潟県コラム 7

佐渡のトキ狂想曲

2012年4月、佐渡から日本全国にうれしいニュースが駆け巡った。放鳥されたトキからひなが誕生したのだ。これまで産卵はあっても、無事にひなが生まれたことはなく、自然界でのひな誕生は実に36年ぶりのこと。トキに気を揉む佐渡の人たちにとっては待ちに待った出来事であった。

野生のトキ5羽が捕獲されたのが1981年。この時点で、それ以前に飼育されていたトキ（キン）と合わせ、日本のトキはわずか6羽。その後は中国産トキとの繁殖も試みられたが失敗に終わり、ついに2003年、キンが死んだことで日本産トキは絶滅した。そこからわずか10年足らずのうちに、中国産トキを繁殖させ、今では200羽近くが飼育、または放鳥されて生息している。

金銀山もあるが、佐渡といったらやはり目玉はトキだ。マラソンの名前もトキ、お土産もトキ、米のブランドも「朱鷺と暮らす郷」とトキづくし。ひな誕

生の折にはその興奮で、島全体がほんのり朱鷺色に染まったかのようだった。

とはいえ、佐渡全体がトキ効果で盛り上がっているのかというとそうでもない。観光客はずっと減り続ける一方。さらに、一番の問題は、農家の生活がトキ優先になってしまったことだ。

野生に放たれたトキが餌となるドジョウやカエルを十分に食べられるようにと、水田では農薬（化学肥料）の使用が控えられた（いいことだけどね）。田んぼを潰して餌の住みかとなる水路も作らなくてはならないので、稲の作付面積も減っている。その結果、特A評価を受ける佐渡米の収穫量は3割ほど減少したという。さらに、水路を作る際の費用は自己負担で、市から補助金が出るというが、それだけではとても補えない。ある集落では、トキのための水路造成で集落の皆が集まり作業することで、疎遠になっていた地元のつながりが復活したというが、トキの話題が無くなれば、また元に戻ってしまうかもしれない。

トキはもともと田畑を荒らす害鳥だ。それが羽根や肉を取る目的で乱獲されて数が減った。それが今度は絶滅するからと保護をする。自然環境も以前とは変わっているし、島には本土から持ち込まれたテンなどの天敵も増えた。このような環境の下で、以前と同じようにトキが暮らしていけるのかどうか。人間の都合で運命を左右されるトキ。環境省では2015年までに60羽ほどのトキが野生で暮らせるようにとしているが……佐渡とトキの共存共栄の道は再びスタートしたばかりだ。

第８章
凋落の一途をたどる新潟県の起死回生はあるのか？

改めて見えた！県内に渦巻く対立の構図

地元に関心はあっても他の地域は知りませ～ん

新潟県は広い。広いから県民が知らない場所や文化だってたくさんある。下越民に上越のことを聞いても「知らない」と言われるのが関の山だ。上越民だって、新潟市より長野市のことに詳しかったりする。佐渡なんてもはや異国扱いだしね。本書の読者は、そのほとんどが新潟県民のはずだ。だがおそらくその多くは県内他地域に無関心じゃないだろうか？　ここまで、各地域ごとの問題点や特徴をそれぞれ取り上げてきたが、同じ新潟県内なので、「なんとなくわかる」ことはあっても、改めて知ったり、読んでもピンと来ないことが多かったのではないだろうか？　そこでまとめの最初では、本書で取り上げた各地域のことを今一度おさらいしておきたい。

まずは下越。県庁所在地の新潟市は、その昔、北前船の交易港として栄えた。今や本州日本海側唯一の政令指定都市の金看板を背負い、「裏日本」のみならず、環日本海圏の覇権を握ろうとしていた。しかし、海外との交易は低調で、さらに国内における交流人口を高めたくても、市名に知名度はあってもブランド力が足りないから、人がやって来ない。市内の再開発も中心部ばかりで格差も激しい。肝心の新潟駅とその周辺の改修事業も遅れまくっているし、食べ物が有り余っているだけの政令指定都市というのもどーなのよ！

新潟市以外の下越は、平成の大合併の余波がまだあるのか、合併したのに余計バラバラになっている印象がある。合併で市域が県内最大になった村上市は、市街地の景観を保存するなど、市を挙げて観光に力を入れていた。それはそれで成功しているが、実は合併によって財政は火の車。市域が広すぎて満足のいく都市整備ができないでいるのだ。その村上は２０１９年６月に発生した山形県沖地震で大きな被害を受けたが、地区によって被害の大きさはまちまちだった。被害の大きかった山北地区とかすり傷程度の被害で済んだ中心部で市民の地震への捉え方は異なり、中心部の人にすれば今回の地震はどこか他人事で、街に一体感がないように感じられた。また、かつて下越屈指の商都と称された新発田は中心市街地の衰退に手をこまねいていた。まちづくりの方向性が中途半端で、街中はコンパクトシティと観光都市、どちらを目指そうとしているのか迷いが見てとれ、そのせいか街の魅力や個性が喪失していた。そんな苦しむ街とは裏腹に、健全財政で無借金自治体の聖籠町は、新発田や新潟の合併の誘いを突っぱねて我が道を行っている。油田発祥の地の胎内は、省エネに躍起で、こちらも我が道を行っていた。そして職人の町・燕市民は、キャラがもろ被りの三条市民と、とにかくいがみ合っていたのである。

こうして見ると、下越はそれぞれの自治体がまとまりを欠く一方で、地域間格差も広がっている地域といえるだろう。

上中下越の見事なライバル関係

そして上越。上越といえば上杉家のお膝元であり、しかも上越という名前が

「越後でもっとも畿内に近い土地を意味する」ということも合わせ、人々のプライドも高い。北陸圏に近く「京都至上主義」のところがあったりするのも興味深かった（特に高田民ね）。そのくせ、中越や下越民に、上越は富山だ、長野だと、まるで新潟扱いされないのはヘッチャラ。ただ上越国際スキー場や上越新幹線のせいで、湯沢あたりが上越だと勘違いされるのは癪にさわるようである。

その上越では新潟でも異質の文化が築かれていた（イタリアンもタレカツ丼もこちらじゃマイナーグルメ）。その理由は地勢的な問題も大きいが、もともとここが新潟の中心というプライドから来る新潟市への意地、そして下越・中越優先の県政への反抗という側面もあるように思う。

さらに下越と同様、こちらでも巨大合併があり、自治体がわずか3つにまとめられたが、こちらもやはりまとまりがなくバラバラ。しかも少子高齢化と若者の流出で過疎化が進み、人がどんどんいなくなっていた。その打開策として期待された北陸新幹線だったが、期待以上の効果があったわけでもない。

一方の中越では、中心都市・長岡の凋落がやたらと目立っていた。新潟市をライバル視しているのはわかるが、市民の多くはもはや新潟市に敵わないことを理解している（プライドの所在は花火大会だけという悲しさ）。長岡も巨大合併が復活の契機とはなっておらず、将来性の見えない中心市街地の再開発に明け暮れていた。先々は中核市への移行を画策しているようだが、人口30万人への道は近くて遠いようである。

また、柏崎刈羽の原発問題や、地震や豪雨からの復興と、何かと災害と隣り合わせの中越は、より団結力が求められている地域でもある。こちらも若者の流出はかなり深刻な状況だが、元気な老人の姿が目立つのは、田舎では地域がまとまる上で重要なことだ（そりゃあ選挙運動も激しくなりますな）。

最後に佐渡だ。流刑島なんて忌まわしいイメージもあるが、昔は金山で湧き、現在はトキ、ジオパーク、世界遺産登録運動で湧いていた。それでも佐渡への観光客は減少の一途を辿っている。しかも島の人口減少も加速度的に進んでいる。それでも島は今大きく変わろうとしていた。島を挙げての新たなイメージ作りや、積極的なUIターン施策も行われていた（ムラ社会で移住しづらいけどね）。だが、いくら佐渡が新たな魅力を手に入れても、気軽に行けない島のまま。それはインフラ（航路）を一手に握る佐渡汽船の問題（高い運賃）だと、わかっていても何もできない佐渡市民はジレンマを感じていた。

さて、こうして新潟各地の様子をざっとおさらいしていくと、新潟県の多種多彩さが改めてよくわかる。県域がとにかく広いから地域性もバラバラ。なので県民の考え方もバッラバラで、下越VS上越、上越VS中越、新潟市（下越）VS長岡市（中越）という、対立構造がキレイにできあがっている。こんな新潟県をひとつにまとめるのは、米作りよりずっと骨が折れそうだ。

新潟県民は内弁慶すぎるのでは？

でもどうして新潟県はこんなにまとまりが悪いのだろう？　冒頭で書いたように県域が広く、地域によって文化や言葉の違いもあったりして、まとまるには現実的に無理があるのかもしれない。だが、県としてまとまれないのは仕方ないとしても、地域内のまとまりも感じられないのはなぜだろう。

そうした地域分裂を引き起こしたのは平成の大合併だろう。強引にひとつの街にしてしまったところは今も一枚岩になれていない。せっかく一緒になったのに、逆に一緒になったことで相手の嫌なところがハッキリと見えてしまったのだ。そもそも新潟県は狭い地域の連帯感や団結力に秀でている。そんな狭い地域をくっつけたわけだから、反発や対立が生じるのも無理はない。

だが新潟県民の不思議なのは、県外に出ると「新潟県」としての連帯感が強まり、出身が上中下越関係なく県民同士で団結するところにある。新潟の県人会が強いのは有名な話で、おそらく生真面目、消極的、PR（口）下手といわれる新潟県民がヨソ（大都会）で生き抜くためには、ひとつにまとまり、助け合う必要があったのだろう。

新潟県民はこうした強い共助の精神を県内でも発揮するべきだ。いつまでも内弁慶でいては、新潟県、ひいては地域の発展はないだろう。

市街地の観光事業に積極的な村上だが、市域が広すぎて、行政の目が隅々まで行き届いていない

新潟といえばトキ。トキといえば佐渡だが、島への観光客は減少。原因は分かっているのだが……

驕れるもの久しからず！新潟再生に必要なのは愚直な懸命さ

過去の栄光から急転直下！　沈みゆく新潟県

新潟市じゃなくて新潟県。最初はてっきり政令指定都市の新潟市にスポットを当て、その批評や検証をするのかと思ったら、扱うのは新潟県丸ごと。扱うエリアの広さは移動で苦労した岩手県や長野県に匹敵する。そんなわけで広い越後平野に佇みながら、ちょっとだけ茫然としてしまった次第である。

新潟県は、東北、北陸、甲信越。属する地域をなんとでも言えるビミョーな位置にある（県民は東北地方とあまり言われたくないだけどね）。北は山形、南は長野・群馬、西は富山に接しており、同じ新潟県民でも地域によって文化や考え方が違うから、上中下越に佐渡と飛び回り、地元民に話を聞いた。するとたくさんの興味深く面白いネタが集まった。とっつきにくく排他的だが、心を許すとすごく仲良くなれる、親切にしてくれるという新潟県民評はまさしくその通りで、これほど取材に協力的な人たちが多かった県も初めてだった（それに新潟県民は総じて社会問題に関心が高いしね）。

何かもう本書もここで終わり、のような書き出しだが、話はまだ終わらない。ここでは、各章で取り上げてきたさまざまなテーマを振り返りつつ、本書最大のテーマとして掲げた「廃れている新潟」の要因を探っていきたい。

「廃れている新潟」。このテーマを掲げたことで、そのバイアスがかかるのか、新潟県を訪れ、各地域や街の様子を見ると、どこも心なしか暗く沈んでいるように感じる。実際、街によっては活力の低下はかなり深刻なようだ。

新潟県はかつて繁栄していた。江戸期には金や海運で潤い、明治期には全国一の人口を擁す大国になった。戦後は新潟から国政に打って出た田中角栄が故郷に利をもたらし、好景気に湧いた。そこからの急転直下、〝ジェットコースター〟である。一気に停滞に陥り、そこからまるで真綿で首を絞められているかのように、ジワジワと沈んでいる。

それなのに過去の栄光を引きずっているのか、それとも単に手をこまねいているだけなのか、県内はどこも旧態依然としていて変わり映えがしない。そこに雇用の落ち込みも加わり（雇用不足というよりも単に給与に魅力がない仕事ばかりといえるが）、若者がどんどん県外（主に首都圏）に出て行ってしまう。しかもいつまで経っても故郷が好況に転じる様子もなく、Uターンをしたくても怖いからできない。地方都市の多くが空洞化で悩んでいる昨今だが、新潟は県そのものが空洞化しているといっても過言ではなかろう。

だが、そんな危機的状況なのに、多くの県民は「景気が悪い」と愚痴をこぼしながら、じっと耐え忍んでいる。さすがは我慢強い県民である。かつて田中角栄が助けてくれたように、いつか誰かが利をもたらしてくれるとでも思っているのだろうか。

新潟はともすると保守王国のイメージが強いが、決して自民党一辺倒ではない。もちろん地域のしがらみやつきあいで支援票を入れたりするが、あくまでも「人」で選んでいる。田中角栄という巨大な幻想は未だに県民の心に居座り、一個人の力が地元を変えてくれると頑なに信じているのかもしれない。かつて泉田裕彦氏が県知事に当選し、驚異的なほど高い支持率を得たのは、彼が新潟をよくしてくれる、復活させてくれるという期待を強く感じとったからに他ならない。しかし、県民は一斉にひとりの人物を推すが、だからといってまとまっているわけではない。農民ばかりだった時代ならいざ知らず、県民同士の団結力は、ネットでさまざまな情報が氾濫し、世代交代が進んだ近年はことさら薄まっている。

住民のエゴが渦巻いている各地の実態

新潟県では平成時、巨大な合併により、大幅に自治体が減らすことに成功した。そうした数々の大型合併劇を見ると、新潟県は団結力がありそうに思えるが、実際は違う。

昭和の大合併時、新潟県は合併を最小限に留めた。というか留めざるを得なかった。その当時、県内の市町村は自らの生活圏・経済圏・文化圏を守ろうと、税金の滞納、子供の登校拒否、暴力事件などをわざと起こし、強硬手段をもって合併に反対し続けたのである。しかし平成になると、多くの市町村が地元の衰退や財政難による消滅の不安に怯え、どうしようもなくなって広域合併の道を渋々選んだ。それでも合併の際には自分たちの立場を棚に上げ、地域の権利をキッチリと主張した。そうした喧々諤々の議論の中で、なんとか落としどころを見つけて合併を進めたのが、新潟県の平成の大合併の姿である。

だから、合併して生まれ変わった新しい街の中身は一枚岩ではない。合併してからすでに15年近く経っているのに、今さら「合併の時と約束が違う」「合併しなきゃよかった」なんて声もガンガン聞こえてくる。生活が上向かないから、相当量の「エゴ」が噴出するのである。しかも、もっと小さいコミューンがバラバラだったりする。意見が対立するのはまだマシで、お互いに無視を決め込む集落もあるというから、地域の衰退が止まるわけがない。

新潟県民の本分を忘れちゃいませんか?

新潟県はもっと自分の足元を見つめ直すことが必要なのではないだろうか?

県内の再開発は、結論ばかりを先に追い求めて、計画の中身がそもそも伴わっていないように感じる。基礎が弱い家が地震ですぐに崩れ去るのと一緒で、無謀な開発によって県や街の見栄えがよくなり、多少景気が上がったとしても、それはただの付け焼刃。子々孫々のことまで考えた長久の計でなければ、すぐに凋落するのは目に見えている。

新潟市古町の場当たり的な商業ビル建設、同じく新潟市のLRT（路面電車）を棚上げしてのBRT導入、長岡市の駅前大手通りへの米百俵プレイス（仮称）の建設など、どれも中心市街地（駅前）ばかり。コンパクトシティという大義名分もあるが、要は人がいない・来ないような場所に民間資本はなかなか参入しないから、どうしても開発場所に偏りが生じることになる。それでも魅力ある施設やインフラであれば文句もいわないが、商業ビルはどこにでもあるようなありきたりのつくりで、メインターゲットであろう若者や子育てファミリーが頻繁に使う地元の目玉施設になってくれるのだろうか？　もうちょっと強いコンセプト、フックなようなものがないと、なかなか興味を持ってくれないのではないか。極論をいえばメジャー施設で多数を呼び込むのではなく、マイナー施設で少数のマニアを呼び込んでもいいのだ。発信拠点としての強さは後者のほうがあるわけだから。

そうした計が無いのであれば、今できる、やるべきことをまずやって、一歩一歩地道進んでいくことが、新潟には必要なことじゃないだろうか。社会の動きは早く、地道なスタンスでは、世間から置いてきぼりを食う不安もあるかもしれない。だが背伸びしてド派手に物事を進めていくのは、どうにも新潟らしくない。驕れるもの（新潟）久しからずである。

愚直で勤勉、真面目で堅実というのが県民のウリだ。それが一時の栄華によって、本分を忘れてしまったかのように見える。地元の利益のために鋭利な計算ができることは確かに必要だ。だが、県民が本来持っている忍耐強さや義理人情にあふれた暖かさこそが、新潟が復活するためのカギになると思うのだ。

廃墟化した百貨店がまだそのまま残っている街も。壊すのにも金がかかるし、変わりの事業者も見つからないしで、負の遺産化していく

昼間の古町のアーケード。人の姿をあまり見かけないし、いつまでもこのままじゃやっぱりイカンでしょ

住民主導の越後へ！悪しき伝統を打破せよ!!

人はいるのに活気にあふれていない政令指定都市

文庫版の出版にあたり、筆者たちは改めて新潟県内各地を取材してまわった。主要都市を巡った印象は前項でも書いたが、心なしかどこも活気があまり感じられなかった。

それは政令指定都市の新潟市も同様だ。新潟駅前には地元民に交じり、観光客らしき人たちも行き交っていたが、全国の元気な政令指定都市（福岡、名古屋、京都、仙台など）を見てきた筆者の目には、さして活気があるようには見えなかった。外国人観光客の姿がそう多くないというのもあるが、筆者個人の感覚として、新潟市には大都市（政令市）としてのきらびやかさと同時に、元気な街特有の「煩わしさ」が圧倒的に不足していると思えてならない。本来街に煩わしさなんて無いほうがいいのだけれど、人気の街になればなるほど街中をスムーズに行動しづらくなる。たとえば飲食店は混んでいて入れないし、乗り物を使おうにも待たされるなど何でも「並ぶ」のが基本。さらに人がウジャウジャいる雑踏（スマホのながら歩きが多くて歩行スピードが遅い）を縫うように歩くのも煩わしい。このどれもが新潟の市街地では比較的スムーズに行える。煩わしいのはダンジョン化している新潟駅構内の移動ぐらいである。

新潟市の観光客入込数は近年、2015年の約2000万人を頂点に例年1800万人台で推移している。けっこう驚くべき数字だが、新潟は主要な新幹線と高速道路が通るターミナル・タウン。とりあえず多くの人がやってくるので入込数は稼げてしまう。それよりも観光は来訪客が現地にどれだけお金を落としてくれるかのほうがポイントで、やってきてそのまま通り過ぎる、あるいは日帰りでは地域にあまり旨味がない。そこで重要になるのが宿泊客の数である。観光庁の統計によれば、新潟市の延べ宿泊客数は、2019年6月期（2019年10月現在、観光庁が報告書としてまとめられている最新分）が約9万

5000人。これは80万人規模の大都市にしては、実はあまり大威張りできない数字だ。観光都市を自負するのであれば、ひと月あたりの宿泊客数は最低でも10万人、実際は20万人以上は欲しいところ。もちろん時期によっては大型イベントの開催もあったりして、宿泊客が多い月もあるだろう。それでも強引にこの人数を平均値として1年間に換算すると約114万人になる。このうち一定の割合で出張ビジネスマンがいるとすれば、新潟市に滞在し、それ相応のお金を落としてくれるであろう観光宿泊客は、年間で100万人を下回るはずで、それほど多くないことがわかる。結局、新潟市には通年で人を呼べる見どころもなく、集客は時期もの（イベント・スポーツの試合など）頼み。道理で普段の新潟市にあまり活気が感じられないわけだ。

年間約2万人減はやはり尋常ではない

人が減り続け、廃れていく新潟。結局のところ、その打開策は、どこかの団体、企業、実力者の意見ですぐに方針転換してしまうような場当たり的（新潟的？）な施策をやめ、本当に住民が必要とするものをつくり、日々の生活の糧となる施策を打ち出すことだろう。そしてこの考え方をベースに本気で取り組んでもらいたいのが、政令市・新潟をいかに求心力のある街にできるか、である。仙台市が東北の、福岡市が九州の「ダム都市」になっているように、新潟市も新潟県内はもとより、南東北・北信越・北陸地方の「ダム都市」として、太平洋側の大都市圏（首都圏・中京圏・関西圏）への人の流出を止める役割を持ってもらいたい。しかもなるべく喫緊にである。

総務省が2019年7月に発表した住民基本台帳に基づく人口動態調査によると、新潟県の総人口（2019年1月1日時点）は225万9309人。全国15位とそこそこ上位だが、前年から2万1982人も減少した。ちなみに新潟県が発表している2019年1月1日時点の推計人口は224万9899人で、前年同月から2万1924人の減少とほぼ同じ。総務省の人口動態調査で新潟県の人口減少数が年間2万人を超えるのは、2019年が初めてで、日本人の減少数は全国で3番目に多い。さらに県都・新潟市は前年比で4198人の減少。もともと人口が多いので、減少率は長岡市や上越市に譲るが、単純な減少数は全国の市区で6番目に多かった。こんなに人が減っているのだから、地域経済も衰退するわけだ。大幅な人口減少は県財政にも悪影響を及ぼすし、もはや「人が減っている。どうしよう」なんて言ってられないくらい、新潟県は待ったなしの状況に追い詰められている。その対応策として、工夫を凝らした移住施策や子育て施策は県内各地で進められているが、それより何より現在の新潟県の情勢を大きく改善させるには、新潟市を何とかしないとダメだ。

もはや行政主導のまちづくりには限界がある

人は暮らしたい街に住む。これは大前提だ。では「暮らしたい」に繋がるものとは何だろう。住む街に雇用（所得）環境、住環境、教育（子育て）環境、医療環境が高い水準で維持されていれば、生活はしやすくなるだろう。人によっては、こうした環境がしっかり整備されていることが暮らしたい街の条件かもしれない。しかし、令和という新たな時代を迎え、これからの街のあり方の理想的な姿は、住民がメリットを受容するだけではなく、住民が自らの手で街の「デザイン」を描いていくことにあると思う。地元民だけではなくヨソ者（第三者視点）も交えて地域ネットワーク（コミュニティ）を構築し、地域の課題を皆で理解する。そして何が本当にその地域に必要なものかを多角的に検討し、スピード感を持って導入を進めていく。まちづくりや新たな地場産業（仕事・雇用）の創出などなど、あくまでも住民主導。もちろん行政の理解と協力は必要不可欠だが、これまで政から民へのベクトルばかりで動いてきた新潟市にすれば、従来とは逆の民から政のベクトルによる街おこしは、劇薬だろうが起爆剤になり得るのではないか。何より住民のモチベーションも上がるし、いろいろな人のネットワークを通じて、ヨソからもどんどん人がやってくるかもしれない（実際、首都圏からのアクセスはいいわけだしね）。

政令市のような大都市、合併を経験した巨大都市では、各地のしがらみもあって環境づくりはたいへんだろう。だが、老若男女問わず多くの地元民やヨソ者に「新潟市に（ずっと）暮らしたい」と思わせる、新潟ならではの魅力的なライフスタイルの構築ができれば、人を呼び、地元に繋ぎ止める一助になるはずだ。これは新潟市以外の各都市のまちづくりの参考にもなると思う。

それに新潟市は観光都市としてもっと飛躍できるはずだ。個人的にポイントだと思うのは、ありきたりだが「食」である。「食都・新潟」はいい響きだが、実はこれ強い個性のようでいて、漠然とし過ぎている。新潟産の食品や産物のブランド力は高い。東京でも新潟産のお米を使っているという食堂は人気がある。しかしそれは東京だからで、実際に新潟に行けば、人は魚沼産や岩船産のコシヒカリがピンポイントで食べたくなる。新潟市は国内屈指の食糧都市なので豊かだ。しかし「新潟市の食はコレだ!」というウリに欠けている。レベルは高いが突出して有名な産物がないから、都市の知名度はあるのに魅力度に欠け、観光客のリピートにも繋がらない。村上が鮭というキラーコンテンツのおかげで人気観光地になっているのとは対照的だ。新潟市で日本海で獲れたものだからとありきたりの刺身三種盛とか出されてもうれしくない。それなら伝統の古町を、老舗を中心とした一大グルメタウンにしてくれたほうがうれしい。

新潟市の行く末に新潟県の将来がかかっているといっても過言ではない。そのために悪しき旧態や伝統は打破すべきだ。新潟県と県民は「変わること」を恐れてはならない。

上越新幹線のおかげで来訪者は多いが、新潟駅前に大きなにぎわいがあるわけでもない。駅舎の改装は早くしたほうがいいかもね

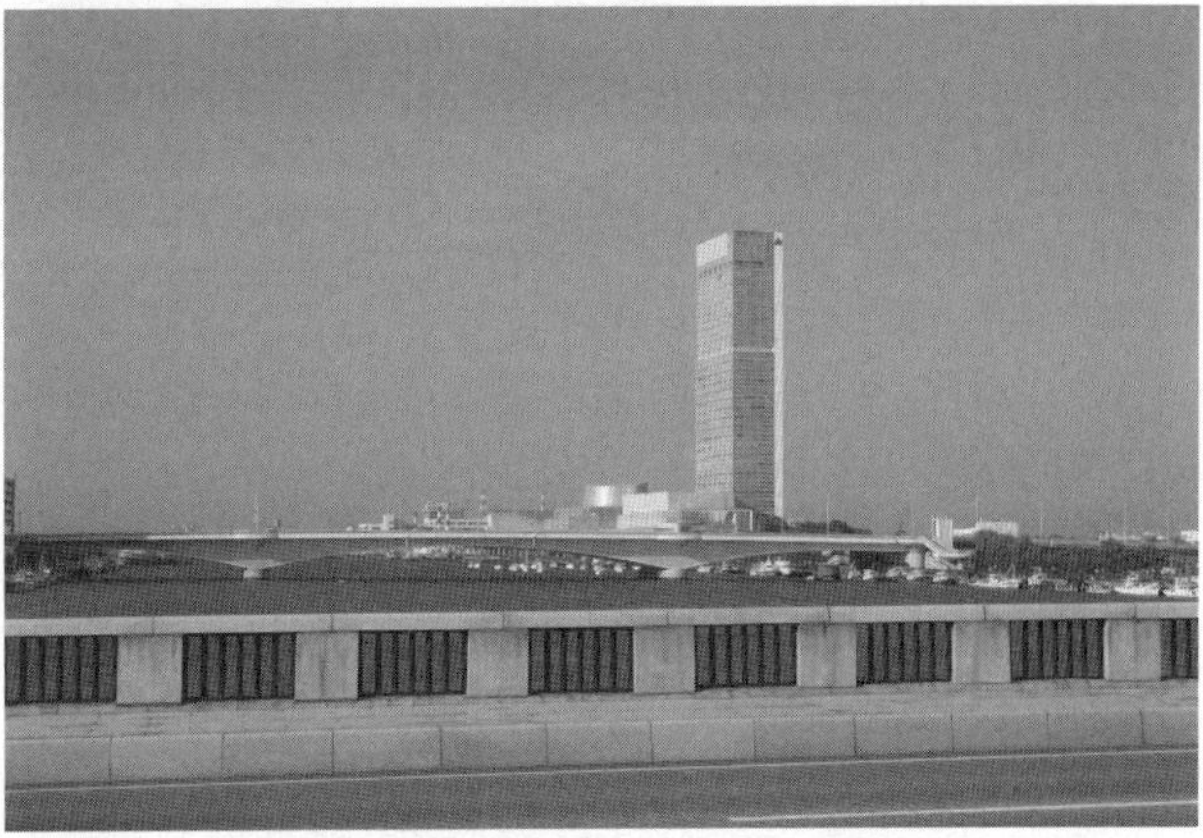

萬代橋から見える展望室も備えた万代島ビル。朱鷺メッセは新潟の国際交流・経済拠点だが、もっと先につくるものがあった気がする

あとがき

筆者にとって新潟県は第二の故郷といってもいい。幸運にも「女房にするなら～～」と呼ばれる越後女性（新潟美人）を伴侶にすることができ、その縁でこれまで何度も新潟県を訪れているからだ。

新潟は飯が美味い、地酒が美味い、つまみが美味い。そんなわけでいつ行っても1日は記憶を無くす日ができるのだが、近年はその酒の席で新潟の景気の悪さをふと感じることがある。10年くらい前、訪れた際の宴の席には「越の（乃）」の名を冠する地酒ばかりが並んでいた。しかし、ここ最近はめっきり2リットルボトル入りの甲類焼酎が多くなった（その分、記憶を無くすのも早くなったけど）。自分は別に酒は地酒でなくてもよく、焼酎に炭酸水を入れただけのシンプルなチューハイが好きなのでまったく気にしないのだが、話を聞くともう地酒の定期購買はやめたと聞いた。現地では有名地酒がびっくりするほど安いので、経済的な事情ばかりではなさそうだが、チビチビと味わう地酒より、サクッと飲んですぐに酔える安酒のほうがいいのだという。ただ、酔うといつも新潟県はどうあるべきか、なんて話になる。自分がこういう仕事をしているので、ついついそんなテーマを酔った勢いで振ってしまうからだが、新潟県民は生来議論好きで話も面白い（ネタ、いただきました！）。

ただこんな市井の片隅の様子からも、現在の新潟の不調ぶりがうかがえる。街には満足のいく雇用は少なく、人口減少のスピードや少子高齢化はただならぬところまで来ているし、県内では粟島浦村が消滅可能性都市のワースト50に入っている。新潟県内の消滅可能性都市の割合は60パーセント。これは北信越5県（富山県、石川県、福井県、長野県、新潟県）でもっとも高い数値である。別に消滅可能性都市だからって実際自治体が消えて無くなるというわけではない。要は子供を産む世代の女性がいなさすぎて、将来人口が極端に少なくなる可能性を示しているに過ぎないのだが。

世の中には奮起してもどうにもならないことがある。でも地震で被災した村上の府屋や、大火に見舞われた糸魚川駅前の奮闘する様子を見て、新潟の凋落は食い止められると確信した。米百俵の精神じゃないが、我慢して我慢して、最後に越後は勝つのだ！

参考文献

・伊藤充『新潟県 県民性の歴史』新潟日報事業社
2019年
・田中圭一・桑原正史・阿部洋輔・金子達・中村義
隆・本間恂一『新潟県の歴史』山川出版社 19
98年
・花ケ前盛明『新潟県謎解き散歩』新人物往来社
2011年
・新潟もの知り地理ブック編集委員会（監修）鈴
木郁夫・赤羽孝之『新潟もの知り地理ブック』新
潟日報事業社 2008年
・田村秀『消滅か復権か―瀬戸際の新潟県12の課
題』新潟日報事業社 2010年
・新潟日報『政令市時代 あすの新潟―日本海新時
代への舵取り』新潟日報事業社 2007年
・上越市『住み良さ日本一をめざして―上越市の
戦略』講談社 2001年
・佐渡市教育委員会世界遺産文化振興課 新潟県教
育庁文化行政課『黄金の島を歩く―佐渡金銀山の
歴史と文化』佐渡市教育委員会 2008年
・羽目正美『平成大合併 新潟県の軌跡』新潟県
自治研究センター 2007年
・全国方言委員会『しゃべらっしぇ！新潟弁』星
雲社 2009年
・新潟文化編集部『元祖浪花屋 柿の種のココロ』恒
文社 2008年

・新潟市『新潟港のあゆみ―新潟の近代化と港
新潟日報事業社 2011年
・保坂正康『田中角栄の昭和』朝日新聞出版 2
010年
・新潟日報『中越地震 復興公論』新潟日報 2
006年
・長岡市災害対策本部『中越大震災―自治体の危
機管理は機能したか』ぎょうせい 2005年
・祖父江孝男『県民性文化人類的考察』中央公論
社 1971年
・岩中祥史『新・出身県でわかる人の性格』草思
社 2012年
・講談社ビーシー『ベストカー2010年7月26
日号』講談社 2010年

【サイト】

・新潟県 http://www.pref.niigata.lg.jp/
・新潟市北区 http://www.city.niigata.lg.jp/kita/
・新潟市東区 http://www.city.niigata.lg.jp/higashi/
・新潟市中央区 http://www.city.niigata.lg.jp/chuo/
・新潟市江南区 http://www.city.niigata.lg.jp/konan/
・新潟市秋葉区 http://www.city.niigata.lg.jp/akiha/
・新潟市南区 http://www.city.niigata.lg.jp/minami/
・新潟市西区 http://www.city.niigata.lg.jp/nishi/
・新潟市西蒲区 http://www.city.niigata.lg.jp/nishikan/
・村上市 http://www.city.murakami.lg.jp/

・胎内市 http://www.city.tainai.niigata.jp/
・新発田市 http://www.city.shibata.niigata.jp/
・燕市 http://www.city.tsubame.niigata.jp/
・五泉市 http://www.city.gosen.niigata.jp/
・聖籠町 http://www.seiro.niigata.jp/
・関川村 http://www.sekikawa.niigata.jp/
・弥彦村 http://www.vill.yahiko.niigata.jp/
・粟島浦村 http://www.vill.awashimaura.lg.jp/
・長岡市 http://www.city.nagaoka.niigata.jp/
・三条市 http://www.city.sanjo.niigata.jp/
・柏崎市 http://www.city.kashiwazaki.niigata.jp/
・小千谷市 http://www.city.ojiya.niigata.jp/
・十日町市 http://www.city.tokamachi.niigata.jp/
・魚沼市 http://www.city.uonuma.niigata.jp/
・南魚沼市 http://www.city.minamiuonuma.niigata.jp/
・湯沢町 http://www.town.yuzawa.niigata.jp/
・津南町 http://www.town.tsunan.niigata.jp/
・刈羽村 http://www.vill.kariwa.niigata.jp/
・上越市 http://www.city.joetsu.niigata.jp/
・糸魚川市 http://www.city.itoigawa.lg.jp/
・妙高市 http://www.city.myoko.niigata.jp/
・佐渡市 http://www.city.sado.niigata.jp/
・仙台市 http://www.city.sendai.jp/
・金沢市 http://www4.city.kanazawa.lg.jp/
・長野県 http://www.pref.nagano.lg.jp/
・新潟日報社 netpark http://www.niigata-nippo.co.jp/
・厚生労働省 http://www.mhlw.go.jp/
・総務省統計局 http://www.stat.go.jp/

・環境省　http://www.env.go.jp/
・国土交通省　http://www.mlit.go.jp/
・農林水産省　http://www.maff.go.jp/
・JR東日本新潟支社　http://www.jrniigata.co.jp/
・JR西日本　http://www.westjr.co.jp/
・北越急行株式会社　http://www.hokuhoku.co.jp/
・えちごトキめき鉄道株式会社
http://www.n-railway.co.jp/
・北陸新幹線建設促進同盟会
http://www.h-shinkansen.gr.jp/
・新潟交通　http://www.niigata-kotsu.co.jp/
・佐渡汽船 新潟～佐渡 運航情報総合サイト
http://www.sadokisen.co.jp/
・NEXCO東日本 コーポレートサイト
http://www.e-nexco.co.jp/
・東京電力　http://www.tepco.co.jp/index-j.html
・地震調査研究推進本部　http://www.jishin.go.jp/main/
・北朝鮮による日本人拉致問題　http://www.rachi.go.jp/
・ブランド総合研究所　http://tiiki.jp/
・アルビレックス新潟公式サイト　http://www.
albirex.co.jp/
・アルビレックスチアリーダーズ Official WebSite
http://www.albirex-cheerleaders.com/
・上越タウンジャーナル　http://www.joetsutj.com/
・JAPEX石油資源開発株式会社
http://www.japex.co.jp/
・全国議員サイト　http://gikai.fc2web.com/
・山古志木籠ふるさと会　http://yamakoshikogomo.com/

・河野太郎公式ブログ　http://www.taro.org/
・国立社会保障・人口問題研究所
http://www.ipss.go.jp/
・にいがた観光ナビ　http://www.niigata-kankou.co.jp
・長岡コンベンション協会
http://www.nagaoka-navi.or.jp/
・村上市観光協会　http://www.sake3.com/・佐渡観
光協会　http://www.visitsado.com/
・るるぶ.com　http://www.rurubu.com/
・フリーペーパー［新潟美少女図鑑］　http://www.
bishoujo-zukan.jp/niigata/
・亀田製菓株式会社
http://www.kamedaseika.co.jp/
・三幸製菓公式サイト
http://www.sanko-seika.co.jp/docs/
・栗山米菓　http://www.kuriyama-beika.co.jp/
・日本穀物検定協会　http://www.kokken.or.jp/
・JAグループ新潟　http://ja-niigata.or.jp/
・JA全農にいがた　http://www.nt.zennoh.or.jp/・
イヨボヤ会館　http://www.iwafune.ne.jp/~iyoboya/
・新潟県警察　http://www.police.pref.niigata.jp/
・新潟ラーメン.com　http://noodles.bbshin.net/
・ホットペッパーグルメ 新潟
http://www.hotpepper.jp/SA61/
・かんずり 越後妙高 辛味調味料オフィシャルサイト
http://kanzuri.com/

●編者
岡島慎二
1968年生まれの雑食ライター兼編集者。ツレが新潟県出身ということで新潟とは何かと強い縁で結ばれている。佐渡にも何度か足を運び、地酒と新鮮な海の幸を堪能。現在は自堕落な生活への自戒を込め、減量を真剣に考えている。

鈴木士郎
1975年東京都生まれ。編集者、ライター。地域批評シリーズ創刊より編集スタッフ、編著者として携わり、全国を飛びまわっている。近刊は『日本の特別地域特別編集92これでいいのか品川・目黒・港区』(マイクロマガジン社)。

地域批評シリーズ㊷　これでいいのか 新潟県
2019年11月29日　第1版　第1刷発行
2020年　1月15日　第1版　第2刷発行

編　者　岡島慎二
　　　　鈴木士郎
発行人　武内静夫
発行所　株式会社マイクロマガジン社
　　　　〒104-0041　東京都中央区新富 1-3-7 ヨドコウビル
　　　　TEL 03-3206-1641　FAX 03-3551-1208（販売営業部）
　　　　TEL 03-3551-9564　FAX 03-3551-0353（編　集　部）
　　　　http://micromagazine.net/
編　集　髙田泰治／岡野信彦／清水龍一
装　丁　板東典子
イラスト　田川秀樹
協　力　株式会社エヌスリーオー
印　刷　図書印刷株式会社
※定価はカバーに記載してあります
※落丁・乱丁本はご面倒ですが小社営業部宛にご送付ください。送料は小社負担にてお取替えいたします

※本書の内容は 2019 年 10 月 1 日現在の状況で制作したものです。

2020 Printed in Japan　ISBN　978-4-89637-940-2　C0195